拜德雅
Paideia

人文丛书

U0737513

迈向思辨实在论

论文与讲座

[美]格拉汉姆·哈曼（Graham Harman）｜著

花超荣｜译

长江出版传媒　长江文艺出版社

目 录

重拾拜德雅之学

1

中国古代，士之教育的主要内容是德与雅。《礼记》云："乐正崇四术，立四教，顺先王《诗》《书》《礼》《乐》以造士。春秋教以《礼》《乐》，冬夏教以《诗》《书》。"这些便是针对士之潜在人选所开展的文化、政治教育的内容，其目的在于使之在品质、学识、洞见、政论上均能符合士的标准，以成为真正有德的博雅之士。

实际上，不仅是中国，古希腊也存在着类似的德雅兼蓄之学，即 paideia（παιδεία）。paideia 是古希腊城邦用于教化和培育城邦公民的教学内容，亦即古希腊学园中所传授的治理城邦的学问。古希腊的学园多招收贵族子弟，他们所维护的也是城邦贵族统治的秩序。在古希腊学园中，一般教授修辞学、语法学、音乐、诗歌、哲学，当然也会讲授今天被视为自然科学的某些学问，如算术和医学。不过在古希腊，这些学科之间的区分没有那么明显，更不会存在今天的文理之分。相反，这些在学园里被讲授的学问被统一称为 paideia。经过 paideia 之学的培育，这些贵族身份的公民会变得 "καλὸς κἀγαθός"（雅而有德），这个古希腊语单词形容理想的人的行为，而古希腊历史学家希罗多德（Ἡρόδοτος）常在他的《历史》中用这个词来描绘古典时代的英雄形象。

在古希腊，对 paideia 之学呼声最高的，莫过于智者学派的演说家和教育家伊索克拉底（Ἰσοκράτης），他大力主张对全体城邦公民开展 paideia 的教育。在伊索克拉底看来，paideia 已然不再是某个特权阶层让其后嗣垄断统治权力的教育，相反，真正的 paideia 教育在于给人们以心灵的启迪，开启人们的心智，与此同时，paideia 教育也让雅典人真正具有了人的美德。在伊索克拉底那里，paideia 赋予了雅典公民淳美的品德、高雅的性情，这正是雅典公民获得独一无二的人之美德的唯一途径。在这个意义上，paideia 之学，经过伊索克拉底的改造，成为一种让人成长的学问，让人从 paideia 之中寻找到属于人的德性和智慧。或许，这就是中世纪基督教教育中，及文艺复兴时期，paideia 被等同于人文学的原因。

2

在《词与物》最后，福柯提出了一个"人文科学"的问题。福柯认为，人文科学是一门关于人的科学，而这门科学，绝不是像某些生物学家和进化论者所认为的那样，从简单的生物学范畴来思考人的存在。相反，福柯认为，人是"这样一个生物，即他从他所完全属于的并且他的整个存在据以被贯穿的生命内部构成了他赖以生活的种种表象，并且在这些表象的基础上，他拥有了能去恰好表象生命这个奇特力量"[1]。尽管福柯这段话十分绕口，但他的意思是很明确的，人在这个世界上的存在是一个相当复杂的现象，它所涉及的是我们在这个世界上的方方面面，包括哲学、语言、诗歌等。这样，人文科学绝不是从某个孤立的角度（如单独从哲学的角度，单独从文学的角度，单独从艺术的角度）去审视我们作为人在这个世界上的存在，相反，它有助于我们思考自己在面对这个世界的综合复杂性时的构成性存在。

其实早在福柯之前，德国古典学家魏尔纳·贾格尔（Werner Jaeger）就将 paideia 看成是一个超越所有学科之上的人文学总体之学。正如贾格尔所说，"paideia，不仅仅是一个符号名称，更是代表着这个词所展现出来的历史主题。事实上，和其他非常广泛的概念一样，这个主题非常难以界定，

1　米歇尔·福柯，《词与物》，莫伟民译，上海：上海三联书店，2001年，第459–460页。

它拒绝被限定在一个抽象的表达之下。唯有当我们阅读其历史，并跟随其脚步孜孜不倦地观察它如何实现自身，我们才能理解这个词的完整内容和含义。……我们很难避免用诸如文明、文化、传统、文学或教育之类的词汇来表达它。但这些词没有一个可以覆盖paideia这个词在古希腊时期的意义。上述那些词都只涉及 paideia 的某个侧面：除非把那些表达综合在一起，我们才能看到这个古希腊概念的范阈"[2]。贾格尔强调的正是后来福柯所主张的"人文科学"所涉及的内涵，也就是说，paideia 代表着一种先于现代人文科学分科之前的总体性对人文科学的综合性探讨研究，它所涉及的，就是人之所以为人的诸多方面的总和，那些使人具有人之心智、人之德性、人之美感的全部领域的汇集。这也正是福柯所说的人文科学就是人的实证性（positivité）之所是，在这个意义上，福柯与贾格尔对 paideia 的界定是高度统一的，他们共同关心的是，究竟是什么，让我们在这个大地上具有了诸如此类的人的秉性，又是什么塑造了全体人类的秉性。paideia，一门综合性的人文科学，正如伊索克拉底所说的那样，一方面给予我们智慧的启迪；另一方面又赋予我们人之所以为人的生命形式。对这门科学的探索，必然同时涉及两个不同侧面：一方面是对经典的探索，寻求那些已经被确认

---

2 Werner Jaeger, *Paideia: The Ideals of Greek Culture. Vol. 1*, Oxford：Blackwell, 1946, p. i.

为人的秉性的美德，在这个基础上，去探索人之所以为人的种种学问；另一方面，也更为重要的是，我们需要依循着福柯的足迹，在探索了我们在这个世界上的生命形式之后，最终还要对这种作为实质性的生命形式进行反思、批判和超越，即让我们的生命在其形式的极限处颤动。

这样，paideia 同时包括的两个侧面，也意味着人们对自己的生命和存在进行探索的两个方向：一方面它有着古典学的厚重，代表着人文科学悠久历史发展中形成的良好传统，孜孜不倦地寻找人生的真谛；另一方面，也代表着人文科学努力在生命的边缘处，寻找向着生命形式的外部空间拓展，以延伸我们内在生命的可能。

3

这就是我们出版这套丛书的初衷。不过，我们并没有将 paideia 一词直接翻译为常用译法"人文学"，因为这个"人文学"在中文语境中使用起来，会偏离这个词原本的特有含义，所以，我们将 paideia 音译为"拜德雅"。此译首先是在发音上十分近似于其古希腊词汇，更重要的是，这门学问诞生之初，便是德雅兼蓄之学。和我们中国古代德雅之学强调"六艺"一样，古希腊的拜德雅之学也有相对固定的分目，或称为"八艺"，即体操、语法、修辞、音乐、数学、地理、自然史与哲学。这八门学科，体现出拜德雅之学从来就不是孤立地在某一个门类下的专门之学，而是统摄了古代的科学、哲学、艺术、语言学甚至体育等门类的综合性之学，其中既强调了亚里士多德所谓勇敢、节制、正义、智慧这四种美德（ἀρετή），也追求诸如音乐之类的雅学。同时，在古希腊人看来，"雅而有德"是一个崇高的理想。我们的教育，我们的人文学，最终是要面向一个高雅而有德的品质，因而我们在音译中选用了"拜"这个字。这样，"拜德雅"既从音译上翻译了这个古希腊词汇，也很好地从意译上表达了它的含义，避免了单纯叫作"人文学"所可能引生的不必要的歧义。本丛书的 logo，由黑白八点构成，以玄为德，以白为雅，黑白双色正好体现德雅兼蓄之意。同时，这八个点既对应于拜德雅之学的"八艺"，也对应于柏拉图在《蒂迈欧篇》中谈到的正六面体（五种柏拉图体之一）的八个顶点。它既是智慧美德的象征，也体现了审美的典雅。

不过，对于今天的我们来说，更重要的是，跟随福柯的脚步，向着一种新型的人文科学，即一种新的拜德雅前进。在我们的系列中，既包括那些作为人类思想精华的**经典作品**，也包括那些试图冲破人文学既有之藩篱，去探寻我们生命形式的可能性的**前沿著作**。

　　既然是新人文科学，既然是新拜德雅之学，那么现代人文科学分科的体系在我们的系列中或许就显得不那么重要了。这个拜德雅系列，已经将历史学、艺术学、文学或诗学、哲学、政治学、法学，乃至社会学、经济学等多门学科涵括在内，其中的作品，或许就是各个学科共同的精神财富。对这样一些作品的译介，正是要达到这样一个目的：在一个大的人文学的背景下，在一个大的拜德雅之下，来自不同学科的我们，可以在同样的文字中，去呼吸这些伟大著作为我们带来的新鲜空气。

- 译者序 -

近年来，格拉汉姆·哈曼和他提出的以物为导向的本体论（Object-Oriented Ontology）受到了国内外学术界的大量关注，由他与雷·布拉西耶（Ray Brassier）、伊恩·汉密尔顿·格兰特（Iain Hamilton Grant）和甘丹·梅亚苏（Quentin Meillassoux）引领的思辨实在论（speculative realism）运动也在哲学界、艺术和文学研究领域风生水起。读者手上的这本书主要收集了格拉汉姆·哈曼早年未发表的论文，同他新近的论述相呼应，这些文章展现了他的思辨实在论思考的缘起与发展。

译者为书中出现的大多数专业术语都加上了相应的注释，其中有不少参考了学界已有的译法以及相关的译名争论，并提供了中译的理由，以便读者参考采用不同译法的其他文献。由于哈曼对现象学（尤其是海德格尔）的解读与主流学界的差别较大，当遇到涉及现象学的专业术语时，译者补充了简短的介绍，以方便对这一哲学传统不大熟悉的读者更好地理解文章，同时也为有意愿更进一步了解现象学和其他相关哲学的读者提供参考文献上的帮助。书中涉及一些特殊哲学意涵的表达，译者都尽量保留了原文，以便读者与外文文献互相引证。

迈向思辨实在论
论文与讲座

———————————

Towards Speculative Realism
Essays and Lectures

前　言

本书收集了我在 1997—2009 年写作的 11 篇论文和讲座稿，此前都未曾发表。在这两个年份之间发生了不少事情。1997 年，我还是芝加哥的德保罗大学（DePaul University）一个无人知晓的博士生，那时正以写作体育文章为生。尽管彼时我对海德格尔的新鲜解读让我的很多同学感到兴奋，但除此之外我并未获得多少认可。1997 年开始那会儿，布鲁诺·拉图尔（Bruno Latour）的书我一个字也没读过，而对阿尔弗雷德·诺斯·怀特海（Alfred North Whitehead）和哈维尔·苏比里（Xavier Zubíri）的主要著作也只有简单了解。但在接下来的那几年里，他们三人对我思想的发展起到了巨大作用，直到我成了一个可能不正统但虔诚的海德格尔主义者。虽然实在论是我之后立场中至关重要的部分，但其实一直到 1997 年 12 月我都还没有对它产生坚定的信念。

到 2009 年之后，事情就非常不同了。那时，我已经发表了四本专著，去了 57 个国家讲学。我已经是一个有经验的教授，并且还新近接受了位于埃及开罗的美国大学（American University in Cairo）的管理层职务。可能在很多人眼里更重要的事情是，我在那时总是跟一个叫思辨实在论的学者小团体关联起来，这个团体由想法相近的一些哲学家组成，但是 1997 年那会儿我还不认识他们当中的任何一个人。如今，思辨实在论这个名字已经比较为人知晓，尤其是对做欧陆哲学的年轻学者有很大的吸引力。收集在本书里的论文和讲座稿主要体现了这个哲学运动中"以物为导向的"那一流派的观点，这个流派也是我本人比较推崇的。思辨实在论并不是一个统一的学派，这个名字一直以来都只是一个概括性的称号。一般来说，这一运动有四个主要流派：我自己的以物为导向的哲学、雷·布拉西耶的取消主义虚无论、伊恩·汉密尔顿·格兰特的信息 - 生机论和甘丹·梅亚苏的思辨唯物论。在有些方面，这些立场互相矛盾，但是正如其概括性称号所体现的那样，他们都结合了实在论和思辨方法的元素。我用"实在论"这个词来指称那些拒绝了康德的哥白尼革命遗产的哲学家。康德的哥白尼革命将哲学变成了对人类有限性的思考，而禁止了对现实本身的讨论。而"思辨的"这个形容词则表示这场运动里的几位哲学家的观点不同于一种常识的实在论，后者简单地认为真实的树和真实的桌球都独立存在于我们的意识之外。"思辨"的意思是指一种更加晦暗的"诡异的实在论"，跟我们日常生活中对世界的预设很不一样。[1]

在我从一个不知名的研究生成长为为人所知的哲学作者

---

1 作者在这里并没有展开说明究竟什么是日常的实在论，而日常的实在论对世界的预设又是什么也并未做出解释。——译者注

的过程中，有不计其数的朋友和好心人给予了帮助，其中有两位特别需要提一下，因为这两位分别是本书收录的两篇讲稿的主角。从1990年代初开始，阿方索·林吉斯（Alphonso Lingis）就一直用例证和鼓励指引我向正确的道路发展，他对现象学的解读有浓厚的实在论风格，写作的文笔令人激动，其生活风格不落俗套，而且跟我一样，都是来自美国中西部的小镇青年，对世界充满了求知渴望。这些都给我那段让人深感沮丧的研究生时光带去了极大的鼓舞和启发。从1999年开始，我在同另一位真正的哲学家的私人交往中获益匪浅，他就是布鲁诺·拉图尔。拉图尔带有挑战性的机智和对特定事物的关注都是我在海德格尔的云雾里读得宿醉之后最好的解酒良药。而且，拉图尔在智识上的广泛涉猎无人能够企及，这让我理解了一种与相邻学科沟通交流的新方式。事实也是，我如今的不少读者原先就是拉图尔的读者，而我在适应这些读者的过程中也找到了颇为健康有益的方法。

在每一章的前面，我都写了一小段介绍性文字，用来解释每篇文章当时的写作背景。其中有一些是我学术生涯的"失败"之作，譬如会议的拒稿和不被人所欣赏的文章[2]。另一

---

2 这些文章无论是在用词的精确程度还是在哲学的论证力度上都有很大的提升空间，但作者为了保持其原貌并未在集结成册时加以修订，译者在此特别提醒读者在阅读时应带着批判的眼光。此外，由于作者在将这些论文与讲座稿编辑成册时并未进行合理的编排删减，以至于其中有些篇目内容重复，读者可根据自己的需要选择篇章，而不必以传统的方式从头至尾阅读。——译者注

些则是非常成功的作品。这些小注解并非是要刻意让我自己的经历显得戏剧化，而是想要让年轻的读者们坚持自己。我走到今天的道路上充满了坎坷：有不少是自己找的麻烦，但也有很多时候是一些学术霸权恶意独断的结果。尽管如此，写作这些论文和做讲座时的快乐则是对我那些年最大的安慰。我希望它们读起来能有一种温暖而迷人的味道。

1. 现象学与用具理论 [1] (1997)

这是一篇投给 1997 年 2 月现象学与存在主义哲学学会（Society for Phenomenology and Existential Philosophy, SPEP）年会的稿件，最后稿件被拒。从 1991—1992 年起，我就把工具 - 分析的内容放在了我对海德格尔哲学阐释的核心位置，尽管在写这篇稿件时我还不像 1997 年 12 月之后的"实在论者"。我后来比较关心的海德格尔哲学中的"四重体"（das Geviert）[2] 问题在这篇论文中同样也没有出现，虽然在 1994 年全文出版的《关于所是的洞见》[3] 系列讲座中这个问题已经至关重要。这篇论文的一些关键术语最后

1　沿袭陈嘉映与王庆节翻译的海德格尔《存在与时间》(马丁·海德格尔，《存在与时间》[修订译本]，陈嘉映，王庆节合译，熊伟校，陈嘉映修订，北京：生活·读书·新知三联书店，2012 年)中的译法，此处 "equipment"（ 或德文 "Zeug" ）译为"用具"，以便明确区分 "tool" 和 "equipment"，前者按照惯例译作更加日常的 "工具"。——译者注

2　"Geviert" 一词被海德格尔用来指称 "天、地、人、神" 四位一体的重合，对该词的翻译，日文学界一般译作 "四方域"，倪梁康建议采用 "四重形" 或 "四重体"，而孙周兴类似地译作 "四重正体"。此处译者参考倪梁康译法，具体参见倪梁康《关于海德格尔哲学翻译的几个问题之我思》 文。——译者注

3　Martin Heidegger, "Einblick in das was ist." In *Bremer und Freiburger Vorträger.* (Frankfurt: Vittorio Klostermann, 1994.)（译按：《关于所是的洞见》[Einblick in das was ist] 包括了四个后来最为著名的晚期讲座稿：《物》《集 - 置》《危机》和《转向》，被统称为 "不莱梅 1949 讲座"。这四个讲座稿被 P. 耶格 [P. Jaeger] 编入 1994 年出版的《海德格尔全集第 79 卷：不莱梅与弗莱堡讲座》。）

也出现在我于 2002 年出版的第一本专著《工具 - 存在》中。[4]

在海德格尔的著作中，很少有哪个段落像《存在与时间》中对工具的分析那样臭名昭著。要总结这部作品的内容就不得不需要经常提到这段话，海德格尔在里面生动地描述了关于工具及其出现故障时的状态。尽管如此，工具的主题依然很少被当作一个值得研究的独立问题而得到处理。有些人认为，工具的概念可以被看作海德格尔晚期更成熟的技术思考的早期版本。另一些人则觉得海德格尔有一个所谓的"实用主义"时期，那时他所持有的实用主义观点和他晚期的想法是否有关是值得商榷的。还有一些学者，包括一些最可靠的海德格尔的评论者，认为这里的工具分析具有哲学史意义，是为了解决一个历史悠久的争论，即是否应该区分创造（poiesis）与实践（praxis）。但是上述观点一致认为，分析工具的动机不在工具本身，而在别处，譬如海德格尔研究中的某个与此并不直接相关且更复杂的主题。这篇论文就意在反驳这种认识倾向。首先，我们会看到海德格尔对工具的阐述并不仅仅可以被应用到那些我们普遍认可的工人的工具（锤子、钻头）上，而且还能被应用到所有可能的存在者（entity）上。其次，我认为所有其他更受人

4　Graham Harman, *Tool-Being: Heidegger and the Metaphysics of Objects.* (Chicago: Open Court, 2002.)

称道的海德格尔哲学主题都是从这位哲学家简单的工具分析中引申出来的。最后，我想从中发展出一个可能的关于用具（equipment）的具体理论。

海德格尔对工具的分析我们都足够熟悉，所以任何概括都显得很多余。海德格尔向我们展示了，我们在跟各种存在者最初的相遇中，并不将存在者当作一个知觉中的与我们无关的在手物[5]（present-at-hand）。当一个工具真的被用作工具时，它就退回到一个可靠却不可见的机制之背景当中，用具是不可见的。另外，工具并不单独出现，它们的意义是由它们在一个参考语境网（contexture）中所在的位置，即它们在现实世界（reality）中的独特位置决定的。同一把锤子可能被用在软木头上时效果出众，在遇到金属表面时则变得毫无用处，而对很多昆虫而言它又可能是致命的利器。在这个意义上，某个工具之所以是某个工具完全由它所在的系统决定，因此也就不存在某"一个"用具。用具是一个整体，或者说是处于一个语境网当中的。这告诉我们，用具，至少在被具体使用时，绝不仅仅是一种在手物。物理工具的某些部分可能会留在视野当中，但是它被使用的过程则必然地隐匿于原则上不可见的整体行为当中。这里的工具是对某种隐藏在任何在场表象之后的现实或效

---

5 海德格尔在德文原文中称为"Vorhandenheit"，意为"在手的前面的状态"，与"Zuhandenheit"（"上手性"，英译为"ready-to-hand"）相对。——译者注

果的执行，但是这个现实并非仅仅是否定性的，就好像自我的隐退是它最明显的特征一样。这个工具是一种存在的力，而非不存在的力，是一种在世界中涌现并建立起来的现实。当然，在严格的意义上，我们在这里并不能叫它工具，而更应该称它为一个在行动中的单独的、统一的世界。这时候，我们还只能把这一个别的装置看作是一个幻象，从它隐秘的现实来看，还只是一个本体（ontic）[6] 上的虚无。

我的这些话应该足以帮助我们回忆起海德格尔那颇具创造性的用具研究里的一些基本要素。而同时，我们应当注意到他的分析所涵盖的范围很快就超出了那些有限的、通常被当作工具的物。就像他之后会指出的那样，海德格尔没打算去讨论勺子和叉子。相反，每一个可被思维把握的存在者其实都是用具。没有哪个存在者可以被简化为一个在手物。一片最没用的薄薄的石头也逃不出工具的体系，最小的沙砾是其所是，涌现为一个存在并影响其周遭。无论这些存在者多么的不起眼，它们都有自己的意义，即使对大多数的人类而言只是非常琐碎的、微不足道的意义。在其平庸的表象之下，每一个存在者都在意义的体系中占据了一个非常明确的位置，而这个意义的体系进而

6　此处将 "ontic" 或德文 "ontisch" 翻译为 "本体的"，与 "ontological"（本体论的）相对。陈嘉映与王庆节译为 "存在者的" 容易与海德格尔所用 "Seiend"（或英译 "being" 或 "entity"）混淆。虽然两组术语在含义上对称（即分别对应了存在者与存在），但依然有视角上的差异，故此处为求准确特别加以区分。——译者注

形成了世界。简单地说，工具的分析只是偶然地跟人类对工具的使用有关，这里真正的研究对象是存在者在现实中的姿态。桥并不是因为此在 (Dasein) 的使用而成为桥，恰恰是反过来的。一个工具并非是"被使用"，而本来就"是"其所是。

我的观点很可能会被反驳，人们会觉得我已经错失了工具分析中此在的中心意义。此在被认为是关键，因为所有人都知道《存在与时间》被它的超越论 (transcendental)[7]立场严重削弱了，而这个超越论的立场往往把人类当作最终的参考标准。但是，海德格尔对"此在"一词的使用基本上是意涵清晰的。诚然，人类与石头并非是同一种存在者，人类部分地超越了他们周围的存在者，而石头仅仅是被各种作用力所包围和击打的沙包。用更好懂的话说，就是此在能够理解存在。假如我们暂时先不考虑动物所引发的更棘手的问题，那么人类在这一方面似乎确实是很独特的一种存在者。但是此在还有一个特征，在更前面的段落中提及过，那就是此在的本质在于它的生存[8] (existence)。此在既非"理性的动物"也非"身体与灵魂的融合"，

7　关于 "transcendental" 或德文 "transzendental" 的中文译法，有不少学者都撰文讨论过，本书译者将这一术语统一译为"超越论的"以区别于 "a priori"（先验的）和 "innate"（先天的）。参见文炳、陈嘉映，《口译名"超越论的"与"超越的"源流考》，《世界哲学》2011年第 1 期。——译者注

8　此处参考陈嘉映的译法，将人的存在"Existenz"译为"生存"以区别于"Sein"（"存在"或英译"Being"）与"Seiend"（"存在者"或英译"being"或"entity"）。参见陈嘉映，《此在素描》，载于《思远道：陈嘉映学术自选集》，福州：福建教育出版社，2000 年，第 293 页。——译者注

而只能在其生存的行为中被把握。任何声称要通过表征或本质（eidos）或以任何外在的属性来定义此在的主张都没法真正把握此在。然而，锤子甚至沙子和石头也都分享了此在的这种不可被还原为表征的特性。我们已经讨论过没有任何一个上述存在者能被仅仅简单地理解为是在手的，上手性（readiness-to-hand）并不意味着是"可被人使用的"，而是"仅仅对某种效果的制造"。因此，在后一种意义上的此在正是工具的绝对同等物，无论这看上去是多么的有悖直观。人类此在的独特性得去其他的地方找寻。另外，没有任何一个存在者可以被还原成上手物，这意味着海德格尔对范畴和存在之间的著名区分是有误导性的。[9]他对用具的分析打开了在手性范畴这一概念的可能，这确实是一个不小的贡献。严格地说，范畴是一种幻象。

我们暂时从此在的问题回到一般的工具问题。在前面我们复习了工具的不可见性与整全性，这些都是在海德格尔自己对用具的论述中出现的。这些方面都体现了存在者自身（entities in themselves）的特征，它们最初的存在形式，而并不仅仅是人们与它们相遇的方式。如果存在者在严格意义上是不可见且整全的，我们显然根本就不会与个别的存在者相遇。所有的对象都会隐退到瞬间的、全局的行为当中，隐退到这个没有具体

9　海德格尔区分了范畴和存在（Existentiale），前者是非此在的存在者（非人的物）的本质特征，而后者则是此在（人）的特征。——译者注

器官的系统中。但是经验告诉我们，我们确实是会和个别存在者相遇的，生命正是被吸收到这种个别的、特殊的存在者中：太阳、甜瓜、玩偶。海德格尔是怎么描述这种二元状况的？对此，最著名的段落莫过于他对"破损工具"的讨论。能正常使用的工具并不显眼；相反，出故障的器械则会突兀地进入我们的视线。在这种新的"破损"的状况里，我们得以重新看待之前被当作理所当然的东西。用具不再是沉默的劳动者，它作为一种可见的力量浮现出来。此时的这个工具突然被反过来变成了真正"被看作"（as）工具的工具。可见的世界是一个"被看作"的世界，是一个从存在的更原初维度而来的、可被触及又异常多变的表象。

破损工具的领域是"被看作"的领域。然而正如"用具"这个术语不能被局限于狭义的工具，破损的工具也很快就进入了它名字指称范围以外的领域。即使很粗糙的观察也能发现，海德格尔开始用他定义这个破损工具概念的方式去定义几乎所有的东西。比如，空间就被定义为对存在者的解放，这个解放行为让这些存在者摆脱了那个匿名的参考语境网，并最终占据了它们各自独特的位置，其结果就是，空间位置和破损锤子这样原本异质的领域之间的差异就变得很难理解了。同样的道理，对理论的分析也变得困难。理论被认为是从一个已经被体验到的工作 - 世界中得来的，如此而言，理论、空间和破损工具都被融进了一个不可分辨的亲属关系当中。我们在这里可以

轻易地找到更多和它们类似的概念，但这三个话题已经足够向
我们展示，这种将用具与"被看作"颠倒过来的想法占据了海
德格尔著作中相当大的篇幅。确实，海德格尔表面上声称他的
1929—1930 年讲座课程[10] 是关于生命哲学的，但要是真的肤浅
地接受了他的声明，我们就误读了他的这个讲座课程。不带偏
见地去理解这个文本的话，我们会发现 1929—1930 年的讲座
完全不是关于生命的，而只是对"被看作"的研究。在众多我
们习惯上认为的生命特征中（运动、饮食、繁衍），海德格尔
只关注知觉官能。他这样做，以至于最终得出的（让人不大信
服的）关于人与动物之区别的结论认为，两者之间的关系是渐
变的，而这个渐变则是由每个种群能经验到的"被看作"的种
类所决定的。带着这句话，我们回到此在的第一个也是最为人
熟知的意思：此在作为一种能够理解存在的存在者。现在应该
比较清晰了，对破损锤子的知觉就是将锤子"看作"锤子来理解；
同样地，此在对存在的理解也正是将存在"看作"存在来理解。
但我们也在一些情况中看到，像"被看作"这种东西只能从一
个先在的用具的语境网当中涌现出来。因此，我们需要清晰地
解释在颠倒工具与破损工具或颠倒工具与空间时发生了什么，
而此在所谓的核心问题及我们对它的理解则完全要依赖于这样

10 Martin Heidegger, *The Fundamental Concepts of Metaphysics: World, Finitude, Solitude*.
Trans. W. McNeil and N. Walker. (Bloomington, IN: Indiana Univ. Press, 2001.)

一个清晰的解释。简单来说，人类此在在任何意义上都不是具有特权或特殊地位的存在者。这类此在自有的特征只能在对简单用具的分析中被理解。

让我们重复一遍：海德格尔对哲学做出的最核心的贡献在于他对在手性无情的批判，而这一批判在他的用具分析中已经被充分地提炼出来。引入"此在"这个术语的理由只能是为了削弱任何对人类本质的在手性规定，海德格尔直白地告诉我们这就是他引入这个术语的目的。而且，存在的问题只有在被当作对任何物的在手性的挑战时，才能被理解。那么，我们或许会想，在海德格尔获得最广泛认可的那些术语（时间、本有[11]）中究竟有没有哪个不是和在手性相对的。总的来说，"存在"的退隐状态（及其引起的问题）得到了过多关注，太多的精力被浪费在这样的努力上，这些努力试图穿透所有已知视域，从而到达某些更深层的、未主题化的领域，在那个领域里即便是存在者本身也被更深层的东西所规定。事实上，理解海德格尔所说的存在的关键并非其绝对的遮蔽，而是其绝对的现实，它的最终的行为。我们在别的地方已经讨论过，尽管表面上似乎相反，存在之意义的问题在《存在与时间》里被很快地解答了：存在之意义就是工具。只有当我们依旧坚持对文本中"工

11　此处参考孙周兴在海德格尔《哲学论稿（从本有而来）》（马丁·海德格尔，《哲学论稿（从本有而来）》，孙周兴译，北京：商务印书馆，2012 年）一书中的译法，将"Ereignis"译为"本有"。——译者注

具"和"存在"两个词意义的偏见，我的说法才可能会听上去很可疑，甚至是可笑。但如果我们不带偏见地去阅读这个文本，我们就会发现这两个概念都挑战了长期以来在手性的统治。就好像单数的存在被颠倒成了众多的存在者，单数的用具也被变成了一个个具体的工具。无论我们是不是喜欢，这两个术语指称的完全是一样的现实。存在即工具 - 存在。

可能大多数的读者都会觉得这难以接受，但是由于时间的限制，我们没办法讨论更具体的问题，而必须进入下一个议题。但我想顺便提一下，我们还能找到更多海德格尔个人逸事里的证据来说明主导他著作的正是连续地、一遍又一遍地对在手性的攻击。譬如，我们可以注意到海德格尔学术生涯中最一以贯之、以最有说服力的方式所提出的概念，既不是被他最终抛弃的"存在"，也不是在他作品中时而消失时而又重现的"本有"，而一直都是"仅仅"（bloß）这个词所代表的意涵。在海德格尔任何时期的任意一部作品中随便选一本，你都会发现他一直以来都毫无理由地对他这个永恒的敌人进行着攻击：一种持续不断的想要用在手性的方式理解概念的危险企图。《存在与时间》提醒我们物的体系绝不仅仅是那些可以把房间堆满的实在物（realia）的总和。（写一篇论文论述所有的物就是实在物的总和大概会很有娱乐效果吧。）在他之后关于荷尔德林诗作《伊斯特河》[12] 的讲座里，海德格尔坚持认为《安提戈涅》

---

12 伊斯特河即希腊文中对多瑙河的称呼。——译者注

合唱段落中著名的"莽苍万景"（πολλά τα δεινά）[13] 并非仅仅指代一堆诡异又可畏的（uncanny）在手物。更有趣的是，他在其 1921 年的讲座课程《宗教生活的现象学》中指出，"反基督的表象并不仅仅是转瞬即逝的事情"。[14] 如果这些例子依然不足以证明在海德格尔那里存在着贯穿始终的"一个思考"，它们至少说明他始终只讲了一个伟大的笑话。

正是在这个基础上，我们要停下来去考虑一下海德格尔在 1925 年的《时间概念的历史》一书中对胡塞尔的批判。在这里，有趣的问题并非胡塞尔是否被他的学生超越。相比起批判胡塞尔的实际效果，海德格尔这里所做的在今天看来更像是在批判某种对他自己的解读方式，只要这种解读未能意识到他在 1925 年提出的存在问题是如此令人惊讶的具体。在他对现象学方法极富见地的阐释中，海德格尔几乎把胡塞尔重新解读为这一思考的先行者，这种方式就是对所有在手物的猛烈抨击（这是一个重要的哲学史断言，尤其在我们去读他对胡塞尔的现象学与黑格尔的《逻辑学》的比较的背景之下）。通过将先验（apriori）内容解释为对存在的一个称谓而非一个与众不同的和直观主体

13　此处参考熊伟和王庆节在海德格尔《形而上学导论》(海德格尔，《形而上学导论》，熊伟，王庆节译，北京：商务印书馆，1996 年）一书中的译法，原文为希腊语，引自索福克勒斯悲剧《安提戈涅》中的第一个合唱队段落，全句为："莽苍万景，而无苍劲如人者。"（第 150 页）——译者注

14　Martin Heidegger, *Phänomenologie des religiösen Lebens*, p.113. (Frankfurt: Victorio Klostermann, 1995.)

相联系的结构，海德格尔已经将胡塞尔的"现象"理解为事件，而不是知觉，或者一个被连续的侧显（adumbration）[15] 同时隐藏和反映的实在的存在者。尽管如此，他仍然认为现象与表征的优先性密切相关。"现象的存在从未被当作一个问题来考虑。"这句话的意思只能是，无论胡塞尔做了多少工作，他的现象仍然是在手性的。

与此不同，另一种思路就是认为存在者即实在物，就是实际存在物（actual entities）[16]（后一个术语是从怀特海那里借来的）。现象或物本身都在存在的行为中。这里不但有对物的存在的揭示，还有在存在与物的可见表象之间的实在关系。这个神秘的关系必须被更细致地考察。我们已经瞥见海德格尔的思考如何倾向于围绕着工具与破损工具之间的对立展开。在这对立两极的争执中形成的现实由各种形式构成：光晕、气氛以及从地下涌出的暗流。然而，如果我们仅仅满足于接受海德格尔

15　胡塞尔认为我们在知觉行为中被给予的对象和我们知觉中实际能看到的那些具体的面相是不同的。比如我们在知觉中看到一个方块，被给予的是一整个（拥有六个面的）方块，而我们实际只能看到其中面对我们的几个面。我们实际能看到的面相被他称为侧显（adumbration 或德文"Abschattung"），以区别于知觉体验中被给予的对象。此处中译参见胡塞尔，《纯粹现象学通论》，李幼蒸译，北京：商务印书馆，1992 年。——译者注

16　此处参考了杨富斌翻译的《过程与实在》（阿尔弗雷德·诺思·怀特海，《过程与实在》，杨富斌译，北京：中国城市出版社，2003 年），将"actual entities"译作"实际存在物"，与"eternal objects"（永恒客体）相对。周邦宪的译本（阿尔弗雷德·诺思·怀特海，《过程与实在（修订版）》，周邦宪译，北京：北京联合出版公司，2014 年）则将该词翻译为"实际存有"，但鉴于术语的统一性，此处遵从海德格尔文本的一般译法（也是杨富斌对怀特海的译法）将 entity 译作"存在物"。——译者注

关于外在性诞生于深处的论述而不向前推进，我们就没法着手对这些多样的现实进行分类，甚至都不能粗糙地区分破损的工具、理论和空间。对"可能性之可能性"的追逐完全是一条歧路，同样错误的还有我们的假设，以为重返本有的讨论一定会被任何在哲学上跟具体个别实在物的接触所影响。我们现在需要一个倒过来的策略，以一种鲜活而又具体的研究的名义进行，这个研究要深入地探究物的神秘轮廓：这便是重燃的对物自体研究的兴趣。另外，这个提议并不是假设性的，我们已经在海德格尔的不少论文中看到了朝这个方向的努力，比如《物》《筑、居、思》，以及关于语言的论文中的一些段落，所有这些论文都强烈地希望重回对物的思考：壶、杯子、鞋子……当我们用这种方式去考察存在者和它的存在之间的关系时，会出现很多重要的、我们可以把握的矛盾与发现。但是，由于时间的限制，我们在这里只够搭个框架，更多对用具——在最宽泛的意义上理解这个词——的分析只能留给以后的研究了。

2. 阿方索·林吉斯论物的律令(1997)

　　1997 年 10 月，阿方索·林吉斯（Alphonso Lingis）访问了位于芝加哥的德保罗大学（DePaul University），当时我正在那里读博士。1990—1991 年，我曾在他的指导下于宾州州立大学获得了哲学硕士学位。10 月 11 日，举行了一个圆桌研讨会，德保罗大学的诸位教职员工和研究生在会议上宣读了各自的短论文，作为对林吉斯著作的回应。下文是我在该会议上发表的文章，而因为一个有权势的敌对教员的缘故，我一开始未被允许参加这个会议。从概念上来看，我在其后两个月首次得出的已完善发展的实在论，在这篇文章里已能见到其早期的影子。林吉斯认为无生命的物对我们的伦理效力并不亚于其他人类，而我扩展了这个观点，提出物以其自身的方式遭遇律令（imperatives），而非仅仅将其提供给人。[1]

---

[1] 哈曼此文中多次涉及的 imperative 概念来自林吉斯对康德哲学的阐释与发展，参见 Alphonso Lingis, *The Imperative* (Bloomington, IN: Indiana Univ. Press, 1998.)。因此，此处译法参照康德哲学的中译传统。李秋零译本和邓晓芒译本都将 imperative 译作"命令"或"命令式"，但译者认为这在此文的论述当中会有误导嫌疑，所以决定采用"律令"这一更旧一些的译法，以突出此术语与一般日常语言中"命令"的差别，并强调其康德哲学源头。——译者注

我们经常说，我们同其他人类的遭遇有一种奇怪的特征。在最初的情形里，他者是一个有限的、特别的世界之物。在这个层面上，他的或她的性格、体型以及脾气都可以被看成纯粹的物理与化学作用力的产物，很轻易地就能被还原到一系列的因果机制当中。尽管这种唯物主义的最极端版本如今往往不大被认可，但是把这种观点推向极致仍会是一个有趣的试验。可以想象的是，我们那些最让人信服的想法背后，其实是由各种酶类分泌造成的大脑状态。而我们那些最丰富多彩的情绪背后则要么是隐藏着的遗传性欲望的全面爆发，要么是某一文化或家族逐渐衰退的最早迹象。这种解释方式并不仅仅适用于我们的性格特征，还可以用在解释所有我们经历的事情上。最具破坏性的厄运往往源自微不足道的错误估计，相似的，一个愤世嫉俗者或许能给每一段友谊找到其暗藏的功利性动机。这种用表面下的不定因素组合来解释所有人类现象的能力，我们或许可以称之为对他者的"深层知觉"（depth perception）。

但是，同样存在着我们所谓的面向其他人类的"表层感知"（surface sensitivity）。用林吉斯的话说："其他人也是他者。将别人认作他者意味着去感受他或她思想里律令的分量，也就是去感受这里的律令要求……"[2] 他者不仅仅是无止境的

2　Alphonso Lingis, *The Community of Those Who Have Nothing in Common*, p.25. (Bloomington, IN: Indiana Univ. Press, 1994.)

因果链条的产物，更是被吸收进一些任务，根据他 / 她所面对的律令要求相应地行动，以及将其能量用在认真对待各种事情上。这在我们自己身上也是如此，因为即便是最顽固的自我主义者（egotist）也不会去想象自己是唯一被排除在物理现实条件之外的，是不受制约万物的自然法则所束缚的。因此，一个人可被两种不同的趋向标记，他 / 她要么是一个退回到他者的物，要么是一张由尘世力量所合成的面孔。这一召唤我的律令迫使我去了解那令其能量在世界中释放的原因和基础。然而，他者阻碍了这一运动，设定了一个法则，这一法则以其不可还原的力量命令着我。在自然或思维的领域中，他者代表了某种入侵者。

将别的人视为他者，甚至将我自己视为一个独立自主的行动者，都意味着直接面对实在的律令，面对世界中那真诚的目的，而这个世界并不能被等同于孕育它的历史。我们所见的他者并非受控于生物化学的法则和文化编码，而是由任务（task）所规定。[3] 皮耶罗造了一个大篷车或是在玩杂耍，不管是否是因为一个小丑说服他这么做还是酒精或高烧使得他如此行事。

---

3 task 一词来自林吉斯，在他的书中，这一术语被用来指称与物理法则、文化规训相对的律令要求。林吉斯这样解释 task 一词："把紧攥的拳头或畅快的笑容不再视为生物学动力与心理学冲动的产物，而是看作来自其所欲之物的表征与其思维构造的律令要求"（Alphonso Lingis, *The Community of Those Who Have Nothing in Common*, p.26. [Bloomington, IN: Indiana Univ. Press, 1994.]），因此应将 task 译作"义务"或"任务"，又因为义务容易与 obligation 与 responsibility 混淆，故译作"任务"。——译者注

人类行为者总是被禁锢在某种面对他周遭事物的姿态当中，他沉浸在这种真诚当中，这种行为上的实诚总是逃不出我们的观察，并以相同的力度加诸于我们。如林吉斯所说，他不是一个从我们的意识中快速划过的、发着磷光的图像："康德认为，承认他者就是要承认那制约他者的律令。承认他者就是尊重他者。"[4] 人类行动者，不管是自己还是他者，都已经合成为表象。如此一来，我们发现整个人的领域由两个基本原则构成：被视为奠基性力量与能量之核心的他者，以及被视为真诚面对周遭世界或被其填满的他者。

我们可以继续探究下去，因为这种世界的真诚包含了几条不同的线索。我们已经谈过他者面孔的涌现，来自那个潜藏的、维持他的因果层面，并进入其命令式的律令的光芒当中。这一律令对英雄与庸人一样显现，不论我们在制造某种不寻常的装置还是在享受吃水果的简单乐趣，它都在场。面孔永远都是面孔，无所谓那在它背后长期推动它的东西是高大尊贵还是微不足道。

而同时，面孔从来不仅仅是一个纯粹的事实（a brute fact）。它投下了阴影和光晕，强迫我们以这样或那样的心态面对它，以这样或那样的方式引诱我们："物并不仅仅是拥有

4 Alphonso Lingis, *The Community of Those Who Have Nothing in Common*, p.23. (Bloomington, IN: Indiana Univ. Press, 1994.)

这样一个封闭轮廓的结构，这个轮廓可以被操纵，而它的连贯性则束缚着我们。它们引诱我们却又同时威胁我们，支持我们却又同时阻碍我们，维持我们却又同时削弱我们，指引我们却又同时压制我们。通过其感性的物质、发光的表面、光晕、光彩和共振回响，它们令我们狂喜。"[5] 通过对我们的引诱和威胁，它们以某种特别的方式声称占有我们的能量，而那面孔则被视作一尊偶像。我们渐渐认识到，他者从自然物中倒退而来，后者则是由不间断的因果所控的木偶，这种倒退最后使其变成一个在世界中的脆弱的行动者。但是我们现在发觉这种真诚同样被劈成了两半。一方面，这是我们被世界的面孔所引诱这样一个绝对的事实；另一方面，这又是诱惑与威胁的领域，它们正是由这些面孔构造而成，而这些面孔同时又化作偶像的形态，将一系列的祝福与诅咒都统统释放到这个世界里。

他者既是面孔又是偶像。但还有一种可能，一直都和前两种共存着。偶像同时又变成了一种物化对象，它不再是在世界中飘荡的一副面具，不再拥有独立的地位，而是被用来达到操控或奴役的目的。在作者的例子里：

> 教授第一天进入教室，作为物质化的存在被学生们亲眼看到之前，关于他的传说与神话就早已传开。他们根据

---

5 Alphonso Lingis, *The Community of Those Who Have Nothing in Common*, p.42. (Bloomington, IN: Indiana Univ. Press, 1994.)

实际情况将传言中的教授形象与其真实的嗓音和动作习惯
相协调，教授知道在他走进教室的时候，这些学生正在把
他这个真人塞到他们已有的对他的印象当中。他会用他那
副职业面具恐吓学生……在教室里，他懒散地在一堆论文
纸上弓着个背并努力咽下了一个哈欠，他并没有完全缩回
到一个纯粹的为疲惫所扰的躯壳当中，而是轻蔑地抑或讽
刺性地玩弄着他的面具。[6]

同样的，"一个物化对象被用来获得我们想要的东西，它被放
在那里就是为了服务我们的恐惧和贪婪。偶像是尊贵的，而物
化对象则是卑微的"[7]。

那么，律令式的面孔也就同样既是偶像又是物化对象，这
在所有情形下都是千真万确的。刚刚所引的例子中的学究尽可
以调整他给自己设定的形象，将其个人的权威延伸到令人生畏
的地步。但就算是躲在这镶玉的面具后面，这具有着人类面孔
的偶像依然通过空气散发出他的律令，命令我们做出真诚的回
应。相似地，即使是一个圣人或是英雄的偶像化了的面孔，也
不可避免地逃不出自我物化的命运，人性在这一点上太具有欺

6　Alphonso Lingis, *The Community of Those Who Have Nothing in Common*, pp.42-43.
(Bloomington, IN: Indiana Univ. Press, 1994.)

7　Alphonso Lingis, *The Community of Those Who Have Nothing in Common*, pp.45.
(Bloomington, IN: Indiana Univ. Press, 1994.)

骗性。如果说诱惑是一个事件，某种程度上，它同时也是一个被用来吸引、征服，甚至劫掠他者的工具。因为这个缘由，被叫作"偶像"和"物化"的现象并不是多么不同的两种面具，因为它们只是同一个不可区分的命运的相反两面：图像那驾驭现实的命运。

到这里，我们已经讨论了他者律令式面孔的多个不同方面。再重复一遍，这一律令来自一个反转，在这里，作为对象的他者被丢进一个肆意碾压的尘世法则与决定关系的网络当中，通过他抛给我们的任务，被反转为一个自主的命令发出者。也正是在这里，林吉斯迈出了列维纳斯从未迈出的一步：律令的结构，他如此声称，甚至可以在物本身之中被找到。林吉斯这样说到，物的肉体特征被双倍地反映在一个内在的和一个外在的运动图式当中，这种复制不再仅限于人类："当我看着红杉树时，我并非是通过勾勒它们的轮廓来注视它们，它们高耸树干的宽度和在雾中飘动的零散树叶的形状都可以被看作它内部一个向上攀升的通道在其表面上可见的显现。"[8] 如果这种描述是可以被信赖的话（并且我们全心全意地相信它），那么红杉树，作为一种半 - 觉知的有机物质，向遭遇它的人呈现出一副面孔。

此处谈到树的那句话中的"内部一个向上攀升的通道"并

8　Alphonso Lingis, *Foreign Bodies*. p.17. (London: Routledge, 1994.)

不是一种隐喻，或者我们至少可以说最初不是一个隐喻。因为我们在眼前的树林里看到的并不是一大片棕色，甚至也不是我们达成共识的关于一棵作为对象的树的感觉材料，在其基础上可以根据个人偏好进行嫁接。相反，在这个树林混沌的物质、它弥漫开来的阴郁气氛和它地狱般的虫鸣声中，我们遭遇了那么一个像是树的效应（tree-effect）的东西。在其最原初的土地的混乱状态中，我们遭遇了某种树的"风格"。它没有苹果那种样子，或玉米那种质感，或大豆那种气息，而是能让我们感受到红杉树的厚实与壮丽。这样，红杉树就自己变成了偶像，这树合成为一个偶像。并且和任何一个偶像一样，它难逃变成物化对象的命运。这在作者自己关于笔的例子当中能更清晰地看到，他坚持认为我们并不是遭遇一个黑色的圆柱形物体，而是遇到"一种昏暗力量的凝结"。这种将笔当作一个不祥力量的偶像崇拜很快就让位给我们对它的日常使用，它被拿起来、被方便地使用。使用它的人则不再关心它"内部的一个横向扩散的通道"。

正是因为这种关联，读者在这些关于律令的论文中看到了对技术问题的一条全新的探索路径。研究工具的历史学家很早就已经注意到用具外化了人类的器官。锤子延长并增强了人类前臂的长度和力道，望远镜和眼球一比便占了上风，而内燃机车则取代了双腿长途奔波的功能。基于我们关于偶像和物化对象的讨论，我们可以说所有这些装置都以某种方式对物做了去物化（de-fetishize），将其可用性和可操纵性转移至外部，而将原本的物留下，作为无用但华丽的花，就像兰花一样："兰花是一种枝干萎缩的植物，寄生地依附于遮天蔽日的主干，盛开着它巨大的、招摇的性器官，等待着蜜蜂到来与它们结合。"[9]

因此，技术的进步可能完全不是将物一层层剥去直到剩下它可被计量的燃料库存，相反，技术的进步指引我们走向一个彻底去物化的世界，一处律令拟像所构成的景观，一颗遍布着兰花一样的残留物和丧失了任何可利用价值的虚幻之物的星球。林吉斯这样想象了这一通向不祥之美进程的最后阶段："我们能否想象在不久的未来，我们现在与电脑相连的记忆、理智、决策等官能都将脱离电脑，不再作为用于理解的器官（organ-for-apprehending），而是因为自己的奇迹性而膨胀，最终变成等待着被理解的器官（organ-to-be-apprehended），就像一朵从森林网络系统（cybernetic）的肺腑与大脑深处开出的兰花，以其自己的力量拼命朝着太阳生长？"[10]至少对我们而言，这段话独特的吸引力正是在于它读起来什么都像，但就是不像一个忠告。

物是一条律令，像一轮黑太阳一般照耀着我们，将我们拉

9　Alphonso Lingis, *Foreign Bodies*. p.32. (London: Routledge, 1994.)

10　Alphonso Lingis, *Foreign Bodies*. p.44. (London: Routledge, 1994.)

拢到它周围的轨道上，要求我们关注它，坚持让我们按照它的变换轨迹来调整我们的生活。物是一种力，因此我们将其评估为来自力的馈赠，而完全不像是我们的识认。这将读者引向了一系列关于语言的讨论。"你是多么的美丽！"[11]这句话并不传达信息，而是对你的美貌示意，或者至少是假装示意，要么表达你具有的魅力，要么表达我的假模假式。作者认为，这些价值判断在孩子们的言语里显得格外清晰："坏坏的火""危险的马路"。[12]当我们回应这些遍布世界的物以及那些成就它们的基础元素时，我们就进入了这样一个领域，这是昆虫诱惑性的吟唱，是太阳能损耗与植物生长的性行为："生命的福佑延伸至一个由谜题和可怖的意外所组成的宇宙。"

那些在遭遇他者时总是将自己的面孔遮盖起来的东西是卑微的，它们以坚固的物化对象的力量，取代了它们脆弱不堪的表象。但是"偶像靠自己的光发亮"。[13]也就是说，"面孔将它自己的一个由温暖和光构成的化身折射，即并非是对其他命令的回应信息，而是让它更具生气、更加尊贵……我们将自己的肉体物质暴露在海洋的壮丽和电子风暴的恐怖面前……一具

---

11 Alphonso Lingis, *The Community of Those Who Have Nothing in Common*, pp.49. (Bloomington, IN: Indiana Univ. Press, 1994.)

12 Alphonso Lingis, *The Community of Those Who Have Nothing in Common*, pp.50. (Bloomington, IN: Indiana Univ. Press, 1994.)

13 Alphonso Lingis, *The Community of Those Who Have Nothing in Common*, pp.45. (Bloomington, IN: Indiana Univ. Press, 1994.)

偶像凭借真言或曼陀罗（mantra）成形。"

我们以一个问题来结束这里（对林吉斯思想）的总结。我们已经看到他者在运作，投入其任务当中，而其任务命令着我们。我们的问题是，这种命令是否仅仅发生在人类表征再现的狭窄范围内。红杉树向上的攀升命令我们将其看作一个物，看作一种在其他森林万物的混乱中持久不变的"红杉树风格"。然而，是否仅仅是这一现实命令我去将这棵树看作它所是之物？还是说，这棵巨树自己，穿过以太，面向太阳，从土壤中吸收养分，并未生长在律令的领域当中？基于我们这一宏大的对律令的全新阐释，我们很难否认这一结构同样存在于狼与海豚，存在于非洲草原上奔驰的斑马和对晾衣绳做恶作剧的乌鸦。即使是那些往往被更看不起的有机物，那些我们总是要一起消灭的（飞蛾、甲虫、微生物）也必须受律令支配。

最后，甚至对无生命的物质，这也是千真万确的：是否有必要重新将因果关系自身理解为一种在物身上的律令形式呢？在林吉斯的《异体》（Foreign Bodies）一书中能够找到可能的答案，我们将以此结束这篇总结。有一段话是这么说的："物不需要展示它所有的面和性质，而是需要把它们的诸多面相压到它们朝向我们的面孔后面，需要把这些面相拖到后方深处并避免让它们相对庞大的身躯占据过多的空间，因为它们必须和其他的物共存于这个空间，而这个空间还需要跟其他可能的物的空间并存。"[14]通过这样相互腾出空间来给对方，物相互竞争、相互引诱、相互增进或相互消灭。根据它们力的现实情况，相互命令对方，因而物以律令的形式存在。就像鱼会觅食，狗会玩球，很可能碎石子和沥青、布料和镁元素相互之间争斗，相互让对方臣服，相互要求对方的尊敬。

　　另一段话是这么说的："……当[身体]划过水面，它自己就变成了被湖泊和远方湖岸所见的东西；当和岩石搏斗，它自己就获得了质量和重量……但是当它不再把握这些物，而是让它自己仅仅注视那些单一的图像、反射、折射、鬼火，我们的身体将自己去肉身化并且幻化成中国灯笼那样漂移的形态穿行在它们中间。"[15]一盏灯笼穿梭于阿兹台克、老鹰、狮身人面像、眼镜蛇和格查尔鸟之间。

14　Alphonso Lingis, *Foreign Bodies*. p.18. (London: Routledge, 1994.)

15　Alphonso Lingis, *Foreign Bodies*. p.24. (London: Routledge, 1994.)

3. 海德格尔与怀特海的物理论 (1997)

这个讲座是 1997 年的万圣节夜在德保罗大学做的，当时来的观众有德保罗大学的很多研究生以及教职员工比尔·马丁 (Bill Martin) 和安洁莉卡·努措 (Angelica Nuzzo)。尽管早在 1986 年我就已经断断续续地尝试过阅读怀特海，但在很大程度上我还是持有海德格尔式的立场，直到 1997 年的夏天怀特海 (以及来自西班牙巴斯克地区的伟大哲学家哈维尔·苏比里 [Xavier Zubíri]) 才开始改变我的看法。下面这篇讲座稿是我第一次尝试将我的海德格尔研究置于怀特海去人类的 (de-humanized) 本体论视角之下。在海德格尔部分的结尾处能看到一些我当时正迅速发展起来的观点的一些苗头 (正是受怀特海启发)，这个观点认为无生命物的交互展现出来的是一个无异于人类认知的、基本的 "被看作 - 结构" (as-structure)。第 2 部分里对怀特海的阐释有一些非正统的地方，比如特别削弱了 "社会" 这个术语的重要性并将所有存在物 (entities) 都当作 "实际存在物" (actual entities) [1]。但即便今天，我也依然愿意捍卫我的这种解读。

---

1 参见第 1 章脚注 16。——译者注

　　下面的讲座旨在提供一个快速但生动的对海德格尔和怀特海本体论观念的总结。这两位思想家的作品放在一起，很可能就代表了 20 世纪第一哲学达到的最高峰。然而，尽管他俩各自都有成千上万的仰慕者支持，但这些追随者始终保持着派系分裂，对对方充耳不闻，以至于我们很少听到两派的领袖以同样的声音赞扬这两位哲学家。即便如此，我们其实不难发现海德格尔和怀特海共同开启了哲学界一个新的关于物的理论（theory of objects），一个在两方阵营中均未得到充分发展的理论。这个说法并非暗示他们两人在哲学问题上完全赞同对方，就像一条鲨鱼和一条鱿鱼同意一起生活在一个海湾里一样。但无论这两个重要人物之间多么的相似或不同，都有必要用两种截然不同的策略靠近他们，而对这两人的考察都各有各的困难。

　　怀特海的著作明确地把世界描述为一个充满了数不胜数之物的剧场：里面有电子、X 光、岩石、花、冰棱、彗星和动物，还有音乐家、科学家、铜矿、修道院和炸弹。这些类型化的角色遍布我们的星球，不得不相互作用：它们享受或者惧怕、阻碍或者摧毁对方。有些实有能延续几千年，别的则要么在辐射与冲击的损耗下，要么在内部的剧烈运动中很快就破败了。今天的讲座基本上就是要替这种现实观辩护，即世界作为一个决斗、引诱、失控物的系统，这个观点可以被不证自明地归给怀特海。但鉴于在座听众可能对怀特海的系统性巨作《过程与实在》不甚了解，我所讲的内容将有一半会用来澄清他的主要术语。

海德格尔的情况则完全相反：他的基本概念对大多数欧陆哲学的拥趸而言都已非常熟识，以至于任何对他概念的简单概述都可能会让听众感到乏味。因此，对海德格尔总结的任务会有所不同，即我们要证明"物的理论"这个术语究竟能否被用到海德格尔的思想上。在他的著作中我们似乎只是偶尔遇到对锤子、水壶和桥梁的指涉，而真正的戏剧性内容则明显发生在别处：在历史性的此在（人）和它与存在的隐秘关系当中。这里，我恰恰认为应该倒过来，我坚持海德格尔的洞见正是将一种物的理论加诸于我们，那个所谓的具有特殊地位的提问的人仅仅是众多激烈纷争中的一个有趣的案例罢了，而这些纷争，我们甚至可以在没有灵魂的水滴和茫茫的野生植物中找到。另外，我们甚至不需要具体的文本论证，因为在《存在与时间》的开头已经完全可以清晰把握。

所以，讲座的第 1 部分会提供一个精简的、非正统的对海德格尔的解读；第 2 部分则是对怀特海思想的基本立场所作的勉强大胆的总结。今天在这里所说的内容的一个长期目标，是在如今的欧陆思想圈子中为一种更大胆的思辨哲学占些地盘，尽管这些地盘目前还不被允许。

第 1 部分：海德格尔

如果我们忽略收录在《海德格尔全集》第一卷的那些他学生时代的论文，那么《存在与时间》就不仅是他最伟大的书，还是他的第一本书。如果我们更进一步忽略这本书的导论（这实际上是在正文写完后创作的）以及紧跟着的关于方法论的二十多页内容，我们就会发现海德格尔最早公开的哲学讨论正是他著名的工具分析。虽然这件事本身并没有什么特别的重要性，但它也绝非偶然。事实上，我们能够证明海德格尔哲学生涯的每一个洞见都需要在他的用具描述中被理解。

对锤子的分析既不是为了阐明某种"实用主义"，也不是为了说明"实践理性的优先性"。事实上，《存在与时间》中的工具情境跟人类对工具的使用没有关系，而只跟工具本身有关。过桥的时候，我飘荡在用具的世界里：桥梁和桥塔支撑着我，我脚下则是耐久的混凝土，大桥基础下夯实坚固的表层土。看起来不过是简单的、不值一提的行走，实际上却是嵌入最复杂的由一件件工具组成的网络当中，极小的被植入我们的装置一直在监视着我们的行为，像透明的鬼魂或天使，要么支持要么抵抗着我们的企图。这些物中的任何一个都对现实有具体的影响。插销和支架都不是中立的事物，而是根据它们各自独特的厚度和拉力，在宇宙中发挥着决定性的作用。这些工具存在（tool-being）永远都在相互竞争，将它们的影响投向世界的各个角落，每一个都在现实中占有小小的一席之地。

这么看的话，工具有两个主要的特征。首先是它的不可见性。桥梁桁架和铆钉不动声色地完成它们的工作，悄无声息地溜到不被我们注意的背景当中，即使我们总是默默地在依赖它们。注意，甚至对于在前人类的过去出现的用具而言，这个认识也是有效的：大气在我们皮肤的周围压强变大，或者引力将每一个物都拉向行星和恒心的中心。重要的不是这些工具元素为我们所操控，而是它们构成了一个整体的宇宙基础设施，这一基础设施由人为的、自然的、可能还有超自然的力构成，这些力围绕着我们每一个刚刚完成的行为。简单地说，工具不是"被使用"，它是其所是 (it *is*)。构成工具现实的存在机制永远都不可见。这是它的第一个特点。其次是它的整体性 (totality)。没有工具是在真空中操作的；本体论不考虑无接触的行为。即便最无关紧要的钉子或柏油广场都已经陷入一个由水泥、桥梁拉索、交通工具、微弱地震和不规则振动构成的环境当中。并且，这座桥有一个跟所有它所遭遇的实有完全不同的现实：对海鸥、闲散行人和那些开车通过这座桥前往猎场或葬礼的人而言，都完全不同。所有用具的作用，即工具存在的现实，完全取决于它们在众多现实系统当中不断变动的位置。

我们可以看到在第一个例子中，工具从所有可见的视野中隐去。被海德格尔叫作上手性的东西一般认为是不可见的，除了一些特殊的情况，这类情况中最有名的就是"破损工具"。在大多数情况下，一个司机的注意力都集中在作为一个整体的汽车上，在它的各种用途、好处和缺点上；仅仅当引擎或油表损坏或彻底出现故障的时候，我们才会再次意识到汽车是由有限的、脆弱的零件组成的。当工具损坏的时候，海德格尔说，我们失去了对工具的简单依赖关系，并有意识地将它"看作"工具本身（tool that it is）。这时候我们往往会出现重大的疏忽。有一种普遍但是错误的倾向，把海德格尔的破损工具理解成一种经验中的小趣事（"你有没有注意到我们使用某样东西的时候，经常注意不到它？"）。实际上，这里有一些更根本的问题。不管工具破得多么严重，不管我们多么彻底地拆解或分析它，呈现出来的永远不会是工具的存在，不会是它在沉默的、不可见的行为中的样子，而正是通过这些行为它成为作用力世界的一部分。更简单地说：在海德格尔的上手性与在手性之间有一条绝对的鸿沟。它们之间绝不可能有任何相通之处，因为作为纯粹、潜行的能量的工具和作为显露、可触的表面的工具是完全不可调和的。换句话说，"被看作 - 结构"不存在变换与改善的可能。无论我们最后能揭示多少引擎的面相或将这些方方面面都列入清单，都不可能比我们现在更靠近工具的存在。

我们还可以提一下第二个海德格尔读者经常犯的同样普遍的问题。存在这样一种预设，"上手性"和"在手性"意在区分两种不同的物：第一个由钻子、凿子、锯子组成，第二个则由自然存在物诸如树、云和"无用的"土堆组成。这种预设认为，一边是好用的铲子和火车；另一边则是非人的森林、山洞和泻湖。这种区分能被很轻易地证伪。首先，即使是专门被设计成譬如锤子的工具，也经常以在手物的形式出现：比如当它们被闲置在一旁，不被任何行为使用时。同时，每个存在物都是上手物这一点应该是明确的：不是在派生的意义上"为了达到某个目的的途径"，而是在原初的"存在之行为"当中的意思，是它将自己释放到环境当中。海德格尔的在手与上手完全不是描述两种存在物，而是描述一种在所有存在物中都能找到的普遍的二元结构，这种转换的关系在人和狗身上发生，在无生命的物质上同样也会发生。因为这种转换或 Umschlag 旨在翻译亚里士多德的 μεταβολή（metabole），[2] 所有的本体论都是元本体论，[3] 但海德格尔自己过快地抛弃了这个很有意义的术语。他向我们展示了，现实的所有存在都处于某种"新陈代谢"的状态中，这一状态沟通了工具存在不加约束的狂暴状态与引诱的外貌，正是通过后者我们得以遭遇这些工具。

那么，用具就是普遍的：存在物是工具存在。在不可还原的遮蔽的行为操演和它们闪光轮廓的温度之间，存在物被撕裂了。这意味着海德格尔对工具的讨论并非仅仅是关于破损锤子的区域性报告；相反，不论是否有意，哲学自身被完全重新定义为工具与破损工具的主题，被理解为一种持续不断的反转过程，在这一过程中，被遮蔽的物的行为反转为可被感知的、可

2　μεταβολή 被亚里士多德用来描述动物体内的各种能量与物质转换，即后来大家所熟知的"新陈代谢"，故而这个词在此处有双关的意涵。——译者注

3　由于海德格尔所理解的本体论基本可以等同于存在论，学界一般会将 ontology 翻译为存在论，故而将 metontology 相应地翻译为"元存在论"，但此处因为作者讨论普遍意义上的 ontology，所以保留传统译法，不对海德格尔与其他哲学家对这一术语的理解做出区分。——译者注

被探索的形象。我们也可以发现海德格尔每一次想要逃离这种简单又重复的二元论的尝试都很快便失败了，总是不得不回到工具及其发生故障的情景当中。

比如他对理论的描述就向我们展示了"被看作 - 结构"是在一个在先的意义语境网中发生的；理论不是孤立出现的，而是通过揭示未被主题化的意义的方式存在，我们则早在理论姿态出现之前就已经处于这个意义网络之中。很不幸的是，即使在最冷漠无情的前理论混沌或被震惊的迷惑当中，事实也确实如此，尽管海德格尔努力想要给理论一个更高的地位。即使在这种情况中，此在被抛入的世界也已经以这样或那样的方式部分地显露了。

空间的情况也是相同的，对海德格尔而言，空间性也仅仅是将物从意义的普遍系统中拯救出来使其得以进入各不相同的、具体的领域中。但是我们必须注意，这同样会发生在非空间性的现实当中，譬如当背景中兴奋或绝望的情绪突然在我们脑中变得清晰。因此，即使是对空间和理论的探讨也不过是给了我们更多的关于工具与"被看作"工具的工具之间转换的例子，另外它们还告诉了我们理论或空间本身并没有什么特别的。《存在与时间》里从锤子分析开始的论述发展并非是一个拓展：其实是一种内爆（implosion），是工具系统的单一问题对所有可能的具体的问题的吞噬，是将它们打碎成众多可辨识的成分。因为海德格尔并没有真的区分这些术语（破损工具、理论、空间），所以我们可以把它们当作绝对的同义词：作为密码，指向他不断重复且难以摆脱的最初的二元对立。由于这个原因，除了"工具与破损工具的理论"，我们或许还可以管海德格尔的想法叫"被看作物的哲学"或"工具与空间的哲学"。

最后，他的"时间性"概念也有同样的命运，尽管这种看法会引起更多争议。为了说明我的观点，我们可以回到前面对桥的分析。我们发现，桥并非仅仅作为一团显而易见的物质存在；相反，其现实差别完全取决于个别观察者具体的希望和恐惧。海德格尔描述这种观察者与其所遭遇对象之关系的术语是"投射"（projection）。无论是谁遇到桥这个东西都会将其纳入一个意义的系统，而这一系统由他们行为的边界所定义；投射就是海德格尔的"未来性"（futurity），并且在所有情境中都能找到。同样的，人类此在投射的可能性仅仅针对那些已经被把握并处于它们周围的事物；换言之，工具存在本身就是过去。即便始终有误导性的理解将时间性结构置于具体物之外，即便在大部分海德格尔学者中始终有一种倾向，像对待天花一样认真对待具体物，时间性的绽出（ecstasy）[4]其实是持续的决斗，这决斗在神秘的工具隐退行为和其显现出的侧显（profile）

4　根据陈嘉映与王庆节的译本将"ecstasy of temporality"译为"时间性的绽出"，参见马丁·海德格尔，《存在与时间》（修订译本），陈嘉映，王庆节合译，熊伟校，陈嘉映修订，北京：生活·读书·新知三联书店，2012年，第390页。在书中，海德格尔采用ecstasy的希腊语词源 ἔκστασις（意为"站出去"或"绽开"）来理解时间："时间性是源始的、自在自为的'出离自身'本身"。——译者注

之间展开，侧显就是由现实中观察者的位置所决定的对象所能被看到的面相。桥的效应就是过去，是无时间性的过去，但是对不同的观察者譬如海鸥、渔夫、街头小贩和突击队员而言，它表现为不同的东西。

但现在我们还有一个更细腻、更具争议的论点：对桥的时间性分析实际上跟时间没有关系。听上去感觉难以置信，但海德格尔无论如何并未给我们一个关于时间的理论。我们可以想象时间突然在它的轨道上冻结，宇宙永远停留在它目前的状态里。海德格尔无法阻止这样的思想实验发生。关于时间不能被还原成电影里单个画帧的想法并不存在于他的著作当中，尽管有时候人们会有这样错误的想法，这其实是柏格森的观点，海德格尔从来没有讨论过。注意，就算在一个想象的没有时间的情境下，就算所有关于真实未来的希望都永远地消失了，海德格尔的绽出分析照样行得通。就算这里每一个遭遇桥的有机体都以某种特别的方式遇到了它，以某种特别的投射面对它，无所谓是否还有明天。正如列维纳斯如此清晰地意识到，海德格尔带给我们的并非一个关于时间流的理论，而是一个前所未有的对（现时）瞬间的系统性论述。换句话说，海德格尔反对把时间看作现在时刻的序列并没能有效地反驳那些现在时刻，而仅仅是针对序列的；只要"现在"不被当作显而易见的在手物，传统时间理论的问题就都已经被避免。总结一下，并没有所谓的著名的海德格尔时间理论，而只有工具与破损工具（或表面呈现）之间拉锯斗争的另一个版本：在物自身的存在和所谓的"时间性的"投射之间，而正是这个投射将其纳入并安排到我们意识当中的某处。所以，我们所称的海德格尔的工具与破损工具（或工具与空间）哲学有另一个同义词，这应当就是关于存在与时间的理论。这也正是他著名的著作标题真正点出的：在存在的统一系统与其成为众多物的碎片化过程之间的区别。

无论他往何处去，无论他想逃到多远，海德格尔都躲不过对这一根本的第一原则的强迫性重申。任何想要绕过它的尝试都会立即落空。这在他精彩的1929—1930年讲座课程中体现得尤为突出，在课程中，他试图给出关于动物的论述。无论他对具体动物实验的引证多么翔实，无论他关于众多身体性器官的猜测多么出彩，他的分析还是少了些什么。举个例子，亚里士多德在《论灵魂》（De Anima）中列出的大多数生命特征在这里都不见踪影。海德格尔没有告诉我们任何关于进食或生殖或自主行为（self-induced motion）的信息。他仅仅保留了亚里士多德的生命特征中的一项，即感知（αἴσθησις, perception），这就解释了他为何对植物说不出什么有用的话来。甚至他对感知的讨论也远远不及其他思想家的细致。海德格尔对感知的兴趣仅仅局限于"被看作-结构"。他区分人类与动物的所有企图都围绕在一个预设周围，即对一个完整的被看作结构与匮乏的结构的版本区分。这种论证注定是失败的，因为我们已经看到"被看作-结构"是纯粹原始的，即使极小的变更都不可能发生。不存在一个涡轮增压版的"被看作"，且只有人类特权所能及。人类并不比一只狗或一只蝴蝶更接近一张被看作椅子的椅子：所有这些存在物，工具存在，椅子效应，都永远退隐进不可见的效应王国当中。"被看作 - 结构"是一个半透明的中间地带，是现实的绝对不变的结构骨架，不可被用来当作区分不同类别有机物之心态的标尺。

同样在这里，我们可以得知为何此在对海德格尔而言的优先性是站不住脚的。这一存在物的独特之处被认为是能够理解其存在自身。此在不仅是它自身，就好像纸和灰尘也是一样；更进一步，此在以某种方式把握了其所遭遇的存在物的存在。但是认为这就使得此在成为一种超越论的关于存在之问题的起点是显然不对的，就算海德格尔自己也这么认为。任何此在所能够达成的把握和观察都不是凭空发生的。所有这些理解都必须通过"被看作 - 结构"的中介才得以发生：存在被理解"为"（"被看作"）如此这般；石头和剪子被理解"为"（"被看作"）如其所是而非其他的东西。但是"被看作"仅从被理解之物先前的现实当中涌现出来：在工具的场域及其损坏的情况中（在最广泛的意义上理解这些词）。那么《存在与时间》的关键不是此在的存在论分析，这一分析仅仅将所有可能的情绪和事件都归到一个单一的模棱两可的原点上，而是对工具存在的第一个分析。

现在把关注点放在已经屡次浮现的重点问题上会对我们更

有用：这个问题就是对"被看作 - 结构"的滥用。这一感知结构意味着工具自己以某种方式"被看作"它们自身所是，就像破损的锤子露出了它之前隐藏着的功能。但我们必须得说，无论以这种方式变得可见的是什么，都不可能和工具自己的有效性相同。没有东西能够让物隐秘的深层结构和锤子可见的显像相一致，前者蕴藏着物的秘密生命，而后者现在正浮现于我们眼前。它们是不可调和的现实，属于不同的世界。用更熟悉的话来讲，锤子效应永远都不在场。但是不仅锤子自身不能显现，我们也不能把锤子当作一个规范性目的，当作一个理想的极端例子，一个随后对锤子的探索能够指向的目标。即使我们懒散地去看桥也会将它在某种程度上"看作"其所是，而不是简单地依赖于它，就算是用最严格的方式、按照预先设计好的测试条件，我们也无法更靠近桥本身。

我们可以找到海德格尔著作中的另一个例子：畏（Angst）的情况，[5] 在这种状况中，此在被认为持续地朝向虚无。问题是，海德格尔接着说此在总是一直持续地朝向虚无，因此当畏表面上不在场时，海德格尔认为它其实只是处于"睡眠状态"。但他不能既认为畏是持续地朝向虚无又是存在的睡眠状态，他不能说虚无每时每刻都充满了现实的方方面面，同时又把畏说成是最典型的虚无体验。因为，畏与"被看作"虚无的虚无之间

5　此处对 Angst 的译法参考了陈嘉映与王庆节的《存在与时间》译本。——译者注

并无任何特殊的联系，这个"被看作 - 结构"在此处与别处一样受到了模糊性的干扰。这是将德里达《声音与现象》中的结论用以反对海德格尔的自我认识的一种可能且必要的方式。在任何情况下，将"被看作"作为一种无限接近物自体的方法是错误的，是完全不可靠的。

海德格尔常常在奠基（gründen）和构建（stiften）之间做出区分，由哲学家完成的奠基（grounding）与由诗人进行的构建（instituting）。奠基的工作原则上应当能发掘任何事件的隐秘背景条件，将它们带进我们的视野。我们现在明白了这是不能完成的，用具的背景效应永远都不能变得可见，甚至连近似的可见也不能达到。同样的道理，以海德格尔自己的标准来看，奠基是不可能的。因此，甚至可能有些不可思议的是，真理不大可能是去蔽（αʹληʹθεια，aletheia）。与"被看作 - 结构"自己一样，雅努斯遮蔽与去蔽的两面始终保持如是，没有任何一种去蔽运动能够让我们更靠近在进行的现实中的工具本身。无论那些强调海德格尔"转向"的人是怎么说的，"存在与真理"这个说法并没有比"工具与破损工具"告诉我们更多关于现实的事情。

如果说奠基是不可能的，那么海德格尔的体系里就只剩下一种可能的方案，无论是对哲学、诗歌还是别的什么领域而言：构建（stiften/instituting）、塑形（bilden/forming）、构筑（bauen/building）。尽管目前看来这一替代方案完全不清晰，但至少在否定的（negative）意义上是一个有前景的选项。对海德格尔来说被塑形的或被构筑的通常是一个符号，不论是手帕上打的一个结还是特拉克尔（Trakl）某首诗里的一个意象。语言作为一个整体往往被海德格尔认为是象征和符号的构成。但是在跟随当代（哲学研究）习惯，将哲学的所有重心置于语言问题之前，我们必须认识到海德格尔对构筑一词其他词义的使用。有机物构筑了其器官，这里对其更狭义的使用很难让它算作一个象征符号。即便是在谈论无生命的水壶时，海德格尔告诉我们：在水壶的中央"一个空洞得以形成"（es bildet sich eine Leere）。

现在我们没有必要去讨论这种更宽泛的象征形式的肯定性（positive）特征。这里最重要的因素依旧是否定性的。象征符号不仅仅是某种基础，在不动的二元性中保持静止。每一个符号的构成都有所不同，都有非常具体的差别：所以任何一个物只能被理解为某种塑形，某个完全具体的现实的构建。一颗卫星释放了地雷或医学所未知的力量，而书本则是与一把剑或一粒碳原子不同的媒介。用另一种说法就是，物是媒介，是被放到世界中的、像野生动物一样的、或自然或人工的行动者：一样的让人着迷，一样的致命。

任何物都是一个复杂的、不可化简的事件，类似月球，工具的其中一面在其轨道的沉寂之处，在黑暗当中；而另一面则以其炫目的表面效应照耀着我们，博得我们的注意。无论是多么的无聊，没有一个物仅仅是可量化在场储备（standing reserve）的空洞表征。无论一个物显得多么纯粹，它依然锲入存在当中，在我们不可见的层面爆炸。海德格尔没能深入这个事实当中，导致他做出了一系列能被轻易反驳的断言，以至于让这种反驳看上去过于笼统，我们必须尽快进行。如果我们将技术理解为存在之在场对它时期性隐退的胜利，我们就正好掉回到被误用的"被看作-结构"的缺陷当中。这样的话，物之间任何具体的差别都不能被看作是庸俗的。这就好像是从石斧到氢弹之间迈出的并不起眼的一步，或者是在克隆小麦种子和数以万计的死尸之间的一步。并且，从哲学史的角度来看，就好像整个概念的列表（理型[6]、潜能[7]、单子[8]⋯⋯）仅仅是一种可以相互替代的副现象，由不断扩大的存在物的遗忘清单所构成，而这正是在手物的领域，经年累月，在手物在其中的变换看上去就像一些回想时添上去的东西而已。

海德格尔被人称道的对本体论历史的解构确实展现出不凡的学识，对任何熟悉他前三四本书的人而言，里面还有不少惊

6　原文为 eidos，来自希腊文 εἰδώς，一般翻译为"本质""理型"或"形式"，但在现象学语境中有时也音译为"艾多斯"，以突出胡塞尔对这个术语的使用不同于传统的理型或本质概念。——译者注

7　原文为拉丁文 actus，在哲学史中多作为希腊文 ενέργεια（energia）或"潜能"的翻译，与ενδελέχεια（entelechia）或（作为目的的）"实现"相对。——译者注

8　原文为 monad，来自希腊文 μονάς（monas），意为终极的、不可再分割的单位，这里遵从在哲学论述中的一般译法。——译者注

喜。像海德格尔诸多其他话题一样，历史性的解构实际上是一种内爆，在这个过程中，整个哲学史被在手物的火焰从脚烧起，而在手物正是海德格尔唯一的、持续一生的死敌。这就是为什么，尽管海德格尔在 20 世纪哲学史上的地位显赫，但他在阅读历史文本上明显不如德勒兹。是德勒兹将哲学（很有趣地）定义为"概念的创造"，并随后很正确地将这些概念描述为独立的、穿行并分配现实的作用力，描述为系统网络设备，高贵、整洁，如同孟加拉虎一般。

现在我们可以给这个海德格尔的总结画上一个句号，我还有最后一个重要的论点。对"被看作 - 结构"的误用是把它当成一个量尺，而非不变的现实本身，通过这个批评，我们反对（如果可能的话）将海德格尔其他的概念诸如奠基、构筑、构建看作基础。但即便是这种另类的读法还是受到了钳制，这种制约来自无所不在的工具及其破损状态之二元性所带来的视域。宇宙里没有哪怕一平方英寸的地方能够幸免于这种压迫性对立的控制。

只有把海德格尔的"被看作 - 结构"推到绝对的统治地位，我们才能够获得真正去乞求从它鼓掌之下逃脱的东西。这种东西还真的存在：一条在我们熟悉的海德格尔遮蔽与去蔽之轴外的第二条轴线：工具与破损工具。这第二条原则实际上早在海德格尔 1919 年的时候就已经在他思想中占据了统治地位，但为了避免离题太远，我们只能离开具体语境地总结一下。事实上，并非只有工具及其表象之间的二元关系；相反，表象自身也被两股不同的力量撕裂。这在"畏"这个概念中表现得格外清晰，虽然一直是真的，但在任何知觉的具体内容和我们只是被送到这些知觉内容之前这个事实（无论这究竟是什么东西）之间存在着差别。表象不仅是隐蔽的工具以具体的形式涌现，它还同时要求我们持有真诚的态度，让我们认真对待它并为其消耗能量。正如一个被低估的当代哲学家可能会说的：物并不仅仅是模拟，还是一种引诱。[9] 但是，同样的区分还发生在不可见工具的层面。石头和纸张自身并非仅仅是某种未知力量的实现，它们的现实具有某种特性或连贯性（consistency），就好像我们可以说液体或雪具有某种连贯性一样。这个事实与对这些物的任何知觉都无关。诚然，我们能轻易觉察到第二个原则遥远地继承了传统的存在与本质之差别。

让我来重复一遍，海德格尔的现实中存在两个轴。之所以很难被觉察到，一部分是因为他往往无差别地使用"存在论差异"这个术语来指称这两个不同的轴。总之，存在两个基本原则而不是一个的结果就是，海德格尔那典型的工具与破损工具的模型一下子就变得复杂起来。现实被分裂成四份：物有了四个面。即使这不是海德格尔自己那个难以琢磨的四重性（尽管事实上确实是），它作为不可逃避的用具现实的特征，也值得

9　这里引述的是让·鲍德里亚(Jean Baudrillard)，我在 1990 年代早期最喜欢的作家。

我们好好地研究一番。虽然没法在这里展开，但另一个更进一步的思路是，这四部分在物自身内的关系构成了最初的构建（stiften）形式，是对现实中对立的轴的并排及相对的放置。如果这个四重性将物定义为某种多面的原子，那么海德格尔所描述的符号对象的"构筑"或"塑形"就必然分裂这个原子，从而使创造新现实得以可能。所以，物或许可以被视作能够解开世界四分成分之张力的媒介。

作为对这些冗长的关于海德格尔的论述的总结，我们必须提出一个问题。即四重性是否仅仅对人类观察者存在，或者至少仅仅对有感官的有机体存在。毕竟，无生命的物似乎在遭遇其他物时并不把它们"看作"它们之所是。然而事实上我们可以很简短地提出，它们确实如此。设想一个三盎司重的东西和一个一吨重的东西从同样高度落下砸中一个空荡荡的屋子。轻一些的物遇到屋子并将其以某种原始的方式"看作"是一道屏障，一个在其向下坠落过程中的阻碍；而重一点的物则几乎不会被阻挡，可能只是在其下坠砸烂屋子的过程中带下了些许碎屑，因此，它遇到屋子却仅仅将其"看作"是可以不放在眼里的假障碍。所有物遇到其他物时都把对方"看作"这个或那个："看作"可以被摧毁的，可以被穿破的，很难克服的。这并不是说重量意识到屋子，而只是在说我们称之为"意识"的东西必须涉及一些"被看作 - 结构"以外的东西，一些绝对原始的东西。这就意味着，意识也是既构筑又自己被构筑，而并非仅仅是奠基或去蔽。意识觉知必须被看成是知觉机器的一种更高级形式，无法被简单的"看作"和同样模糊的工具所解释。

作为一个向怀特海的顺畅过渡，我们先介绍一个新的术语，用来描述这种重量、石头和风暴与屋子之间的关系：摄入（prehension）[10]，它与明确的认识（把握）（apprehension）相对。岩石摄入空气或摄入纸张，此在摄入铲子。

第2部分：怀特海

对怀特海来说，最原初的现实就是"实际存在物"（actual entities），这一术语涵盖了所有类型的物。上帝是一个实际存在物，人也是；毛发和尘土是实际存在物，遥远太空中微弱的电磁流也是实际存在物。这样来看，所有这些东西都是瞬间的、明确的力，完全由它们在宇宙中面向其他物的姿态所决定。但是实际存在物并不是实体（substances），它们不是变化中不变的主体。现在的这块石头和过了一会儿之后的这块石头并不是同一个实际存在物，晚一些的石头最多只能算是在它之前那块历史中的石头的近似继承者。为了强调一个实际存在物并不在时间与空间中经历各种事情，怀特海经常用"实际发生"（actual

---

10　参考杨富斌翻译的《过程与实在》与周邦宪翻译的《过程与实在(修订版)》，两个译本均译为"摄入"。——译者注

occasion) [11] 来代替"实际存在物"这个词。严格意义上只存在一个实际存在物：宇宙，在它里面的所有具体物都处在相互的关系当中。

这种实际存在物之间的关系被怀特海称作"摄入"。所有物都摄入其他物，即使在大多数情况下，这种摄入的强度几乎为零。石头和被它砸碎的玻璃很显然互相摄入了对方，所有物在任何直接或半 - 直接的联结中的关系也是如此。同样的，在宇宙一个遥远角落里的最细微的变化，也会（无论多么微不足道地）改变地球上这块石头和这块玻璃的潜能（potentiality），在一些微小之处改变了它们与整个宇宙相关的能量。存在物影响其他的存在物。一个遥远的事件对这个石头 - 物的本体论效应只是看上去像很遥远的作用。用形而上学的话来说，并没有距离；现实是一个充满物质的空间（plenum），其中任何沙砾的轻微振动都会重塑百万光年之外物的结构。这种物向其他物敞开的状态，存在物充斥着朝外的窗口的状态，意味着意识仅仅是经验的一种特殊情况。所有存在物都有心灵和物理生命。怀特海告诉我们，"机体哲学（philosophy of organism）[12] 取消了独自分离于它物的心灵"，"机体哲学"这个词是他自己最

---

11 杨富斌将这个术语译为"实际场合"，而周邦宪译为"实际事态"。译者认为，此处的 occasion 更具动态意味，故而应当选择一个具有动词特性的译法，故译为"实际发生"。——译者注

12 杨富斌与周邦宪译本均译作"机体哲学"，此处以之为参考。——译者注

喜欢的名字。休谟、康德及其他人的感觉主义（sensationalism）被驳回了，因为感觉材料（sense-data）被认为是任意地、狭隘地限制了经验领域，限制了以摄入方式互相联系的物的领域。

在所有摄入行为中，我们能找到三个要素：实际存在物、它所摄入的存在物，以及"如何"摄入的。这个"如何"呈现为怀特海所说的"永恒客体"（eternal objects）的形态。[13] 放在一起来看，实际存在物和永恒客体共同构成了所有存在的东西，任何其他的东西只是被用来澄清这两种实在物之间的互动。一个实际存在物，比如一颗恒星，是不可计数的力作用的场域，是一种在其他存在物上面映照出来的绝对效应的中心。然而其他存在物并非以这样的方式遭遇恒星。岩石、彗星、植物、人类每一个都以不同的方式"客观化"了恒星，每一个都以某种特定的、局限的方式遇到它，但没有一个能够穷尽其所有的实在。一个实际存在物的所有内容跟其他存在物无关，这就把它们限制在各自特定的经验场域当中，不管这个场域有多么的小。这是通过永恒客体的形式发生的，怀特海将其视作几乎和柏拉图理型（form）等同的东西。只有一个存在物能够拥有完全相同的实在本质，拥有其存在本身的绝对现实性。但是很多存在物可以拥有相同的抽象本质：很多存在物都是绿色的，或吵闹的，或在自身体内有物理因果作用力的。不存在永久实体

13　杨富斌与周邦宪译本均译作"永恒客体"，此处以之为参考。——译者注

(permanent substance)，[14] 但理型是永久的：因而有了"永恒客体"这个名字，这个名字就是为了指称在对完全不同的实际存在物的客观化过程中观念的同一性。一个物关于其他物的理型或观念体现了其他物作为原材料进入这个物自身的构造当中这样一个对它而言特定的方式。

作为一个力的系统，世界是一个紧紧地塞在一起的连续体。对怀特海而言，这就是外延（extension）的意思，它作为现下被构造的宇宙之所有潜在性的场域存在。一个实际存在物的现实性，同时也是它被所有其他存在物以这样或那样的方式，客观化的潜在性。然而，通过客观化其他的物，一个存在物将其外延结构（extensive scheme）的持续潜在性转变为一系列的原子实在，把力转化为物。我们发现所有存在物都互相摄入或体验，换种说法就是它们都"感觉"到彼此。又因为通过永恒客体，其他实在性得以被客观化，那么，永恒客体就可以被认为是一种感觉的"引诱"（lure），在这个过程中，这些实在性的遮蔽行为被挤压，从而获得可感的、明确的形态。怀特海把这个过程叫作"合生"（concrescence）。[15] 客观化一个东西就是要重复它的实在性，但在局限的视野下，这是所有事物能够被给予所必然要求的。

14　此处参照杨富斌的译法，将 permanent 译为"永久的"而非周邦宪的"恒久的"以暗示永恒的意思。——译者注

15　杨富斌与周邦宪译本均译作"合生"，此处以之为参考。——译者注

在人类的情况中，很显然就涉及有关这一过程的自由，因为我们对周遭存在物可以做很多不同的客观化。生命在这些永恒客体所构成的剧场里发生。怀特海声称在无生命的层面亦是如此，当物将其他存在物作为被给予来呈现时，总是有那么一些极小的、容许误差的自由。因此，自由变成了一种本体论原则，而不仅仅是人类的或动物的现实，这个观点很可能是受到了怀特海曾深入了解的量子理论的启发。即使实在物最微小的粒子也有自由，这至少导致了一个重要的实践结果：所谓的自然法则不过就是对实际存在物自由地客观化宇宙这一过程的抽象。因为这个原因，看似不变的万有引力和电磁力定律只能说是对我们自己这个特定的"宇宙时期"是真实有效的。物质和其摄入的类别都会渐次演进，就好像动物物种会演变一样。有点更神秘的是，怀特海还告诉我们只有上帝凌驾于现今的宇宙时期特征之上。

这里出现了他的一个比较难懂的洞见，这个见解甚至没法跟前面我们对海德格尔的另类解读相比。和常识告诉我们的相反，处于同时的存在物并不摄入彼此。通过相对论物理学所发现的例子，怀特海确实将两个事件的共时性（simultaneity）定义为它们相互之间不存在因果关系。我们所能够摄入的另一个存在物只能是已经逝去的存在物，而客观化始终在不确定的延时之后才到达我们。这个论述并不是很清楚，即便是怀特海的高徒查尔斯·哈茨霍恩（Charles Hartshorne）也有很多年一直否定这个论述的真实性，直到后来改变了自己的想法，转而同意了怀特海的观点。但无论这个论证是否确定，这一观点的结论让人着迷。记忆不再被当作一种内在的心灵引擎，能够烹饪并搅拌知觉的残羹冷炙，知觉被重新定义为一种宇宙记忆（cosmic memory）的形式，被理解为一种收集信息的装置，这些信息则是由已经死亡的过去的现实所释放。这也意味着摄入是非对称的。无论我摄入的是什么都不保证我也会被（其他物所）摄入，因为我所摄入的东西已经不存在了。哈茨霍恩声称这是第一个当得起时间理论之名的理论。[16] 不管这是不是真的，怀特海在这里至少努力地给出了一个关于时间的理论，一个，我们必须重复一遍，在海德格尔那里缺席的研究工程，尽管海德格尔用了无数次如"时间"或"时间性"这样的词汇。

我已经提及过，不存在在时间中持续的、持久的实体，一个实际存在物完全由它特定的和其他物之间的空间关系所定义。一旦这种情况发生变化，这种变化一直会发生，那么实际存在物就死了：对怀特海来说，时间正是永恒的消亡（perpetual perishing）。持续的并非是一个个别的物，而是一个"社会"（society），是一系列实际存在物，它们合成我们称之为石头的东西，并且或多或少无限期地保持着这些基本特征，即使这

---

16 Charles Hartshorne, *Whitehead's Philosophy: Selected Essays, 1935-1970*, p.15. (Lincoln, NE: Univ. of Nebraska Press, 1972.)

个石头 - 物实际上已经在极小的时间流逝中消失了。因此，这里有一种社会节点（social nexus），保证了某种同一性：社会同一性。但"社会"也是一个可以被用到具体个别情况中的概念。毕竟，就算石头和锤子也完全不像绝对整数或质数。即使是最显然的固态的、不可还原的物也是由有生命或者没什么的微小有机体构成的：在石头的情况中，这涵盖了从周期性的结晶模式到像独立存在物一样运作的分子与原子。在人的情况中，我们则能轻易地发现"一"实际上也是"多"：某一刻的反思便能很好地向我们展示，个体同一性的最终产物依赖于庞大的心血管与神经系统网络，依赖于各种以独特方式沟通的细胞，甚至还依赖于各种寄生在每个生命体的每个缝隙中的有机体。

那么，有点类似莱布尼茨（怀特海很敬仰这位哲学家），怀特海提出了一个类似于现实的细胞理论，一个关于互相咬合的庞大机器的原则。区别在于，对怀特海而言，这个机器是自由运作的，至少它们面对环境做出的行为并不是预先被规定的。这引出了另一个重要的差异：对怀特海来说，并不存在预先的由上帝或其他任何东西操作的对物的同步化（synchronization）；相反，存在物互相之间自由敞开，处于高度敏感的相互接触当中，能够对互相深层的最细微的振动做出反应。所有这些怀特海启发的"过程神学"有两个后果。首先，自由是实在的，上帝是博爱的，但不是无所不能的；其次，不仅没有什么个体死后的永生，甚至也不存在个体在死前的延续，因为每一个实际存在物在其出生之后就立即消亡了。怀特海从中得出的非同寻常的伦理学结论就是，以自我为基础的道德是虚假的。他者就是他者，这是明确的，而五分钟之前的"我"也同样是一个他者，因为这已经不再和现下的"我"是同一个存在物了。起初有eros[17]：爱自己只是对所有周遭物之普遍热情的一种特殊情况。

在我们开始最后一个论点之前，我们必须再次强调，和海德格尔不同，怀特海认识到了有意识的知觉的"看作"并不具有任何的特殊地位。我们已经努力将海德格尔朝这个方向推进，但对怀特海来说就不需要这种推进："看作"是摄入，仅此而已。恰恰是海德格尔跟从了一个悠久的传统，把感觉材料（以及在实践中的视觉材料）视为基础的感觉形式。对怀特海来说，身体就是被知觉到的东西，因为本能的感觉和因果效应同感觉材料一样，都是实打实的合法的感受或摄入。我们没法把感觉的因果源头用括号框起来；相反，我们称作意识的东西只是摄入的一种较晚的衍伸形式，它由我们的耳膜、视神经和脑细胞引起：这些正是对我们人类而言，聚集了因果感受之基本形态的地方。另外，意识仅仅是体验主体次要的、附属的形式。根据怀特海的论述，对这个重要事实的忽视是哲学上众多困难的源头。不论他是否能够像声称的那样解决这些困难，我们发现

17　eros 来自希腊文 ἔρως，最初是一位希腊神话的创世神厄洛斯，象征一切爱欲与情欲。——译者注

理解他哲学的关键和之前我们从海德格尔那里努力榨出的首要问题是一致的。首先，工具自身（实际存在物）和可感表面之间究竟是怎样的关系？这个可感表面正是工具朝向世界（永恒客体）的方式。其次，我们应该如何解释最原始的那种摄入和最复杂的诸如身体器官的或人类意识的形态之间的差别？

更神奇的是，怀特海跟随了海德格尔（或者毋宁说是他在海德格尔之前）蹒跚地遇到了一个四分／四重的结构（fourfold structure）。和他认为实际存在物必须是"无法改变的原子化的"直觉相反，怀特海发现在存在物的统一行为和众多细胞式存在物的独特个性之间有一种张力。在摄入的层面上，怀特海区分了命题或知觉的内容和我们是否在意识中把握它这个事实的相关性。怀特海也和海德格尔一样，认为应该在最宽泛的意思上将这种存在物中的二元矛盾起名为"符号指称"（symbolic reference）。类似于我们发现了其他在海德格尔与怀特海之间的相似点，这一共识也是惊人的，并指引我们去思考更多的问题。

如果海德格尔的基本问题是存在的意义，而怀特海的则是关于个别实际存在物的诞生方式，我们现在可以用一些不同的说法重述他们各自的问题。

· 什么是四分／四重性？它的四个极点又是如何在**不同的**实在中显现自身的呢？

· 关于从我们的视野中隐去的东西，如果它不能在没有客观化冗余的前提下出现，那么为什么这种直接的在场化至少看上去是可能发生的呢？

· 关于物作用在我们身上的力，表象既拥有具体的内容，又能以一种律令式的要求对我们施魔，这件事的意义是什么？

　　然而，所有这些问题都不过是对一个更简单问题的更具体的问法罢了：什么是物？

4. "上手性"新解(1999)

这篇论文完成于 1999 年 1 月 5 日，并被提交给了德保罗大学 1999 年的海德格尔研究圈年会。论文被大会拒稿。令人震惊的是，我当时花了至少两个星期在这篇论文上，当时我正处于博士论文的冲刺阶段（论文在 3 月 17 日顺利通过答辩），而我却愚蠢地放弃了计划好的前往伊斯坦布尔的行程（土耳其的签证都已经在我的护照上了）。这件事至少说明，当时我对在众多海德格尔的忠诚拥趸中捍卫我自己的海德格尔解读有极大的热诚：但这一工程在很久以前就已经被我放弃了。有趣的是，同本文集关于海德格尔的第一篇文章相比，这一篇显然打磨得更精细也更有自信，是在那篇之后两年不到的时间里写出来的。这很可能是因为我的学生生涯即将完结。这篇论文中值得一提的地方，是对海德格尔将真理看作去蔽这一模型的批判。同样值得提及的是，在接近结尾的地方，我将海德格尔描述为某种偶因论者（occasionalist），确实，在这段时间，我开始对偶因论哲学有了兴趣，尽管一直要等到我到达埃及才真正熟悉了这一源自伊斯兰的学说。

这篇论文对海德格尔著名的用具分析提出了一个离经叛道的阐释方法。尽管"Zuhandenheit"（上手性 [readiness-to-hand]，或"工具存在"）这个概念可能是海德格尔研究的历史中，已经被探讨得最多的主题，对这个概念的探索是否已经到头还有待考察。实际上，我认为大多数关于工具存在的阐释都建立在一个共同的偏见之上，不论这些阐释是历史性的还是结构性的、欧陆的还是分析的、实在论的还是反 - 实在论的、以工具为中心的还是以语言为中心的。所有这些研究思路自带的偏见都预设用具分析是为了对一个非常具体的现象给出解释，即人类对工具的使用。这可能的确是海德格尔自己所想的。但即便如此，对我们而言最有意思的未必是海德格尔自己理解的内容，而是一个未被预料到的方向，他的工具分析所导致的一个结果就是当代本体论（或存在论）的被迫迁移。这个声明应该没什么令人惊讶的。我们能找到很多段落，其中海德格尔告诉我们历史学家必须关注那些被遗漏在哲学的背景当中的东西，而不是那些暴露在光天化日之下的东西。当然，就算他说了相反的话，我们也仍然可以忽略他的建议；我们不需要海德格尔的许可去用这样或那样的方式来解读他。他对工具存在的洞见是属于那个时代的发现，甚至可以说是 20 世纪哲学的支点。我们不能指望他在所有问题上都达到清晰透明，就好像我们也不指望亚里士多德预料到未来所有的关于实体的认识，或者不指望拉瓦锡早早就穷尽了水的所有化学结构。

重复一遍，这篇文章的中心主旨就是海德格尔的工具分析不该被解读为一种局限在人类生产与技术行为的解释。相反，我们发现，凭借用具理论，海德格尔给我们的是一个具有广阔视角的洞见，它不能被局限在"工具"一词狭隘的意思上，并且甚至不能被局限在人类生命 / 生活的范畴中。对工具存在的讨论带给我们的东西绝不少于一门关于现实的形而上学，即便海德格尔及其继承者对"形而上学"这个词有不少让人能够理解的曲解。我在结论的部分会回到这个问题，但现在，有两步论证必须先提出来：

（1）如果我们认为工具分析仅仅是在讲人类意义及其投射的语境网而已，那么工具分析就是失败的。实际上，这一分析揭示的恰恰是相反的东西。锤子的工具存在不是一个技术的或语言的实践行为，而是一个永远在逃避任何与人类意义接触的大写的 X。工具不是"被使用"，它是其所是（it is）。因此，工具分析指引我们到达的并非是对人类此在的更好的解释，而是一个物本身的理论。

（2）对上手性的讨论不大可能被局限在我们都认可的一张关于木头和金属器件的清单上，尽管实际上它经常被如此对待。不论海德格尔的意向如何，他的工具分析并非仅仅适用于和其他物相对的工具。对用具的描述并不是作为一种局部本体论被提出，从而局限在小斧子、钻子和滑轮这类东西上。相反，工具存在是对撕裂所有事物之核心的最根本的二元结构的称呼: 不仅是狭义的工具, 还有植物、动物、数、机器、石头和人。

这两个主张组成了论述的核心。如果它们成立, 那么其他海德格尔思考中耳熟能详的论点能够被以截然不同的方式理解这件事, 就不会让人感到惊讶了。像是在用有色眼镜或玩具望远镜时那样, 我们做了这个细微的视角变换, 于是, 风景的某一部分就没有以前那样恼人了, 尽管其他的东西也不再那么神秘了。以求简要, 我们可以把这篇文章接下来的主张浓缩到七个论点。作为准备, 我现在一点一点地总结一下本文的内容, 以减少那些让人惊讶的部分的干扰。前两点就是我前面已经列出的:

第一点。用具的理论不是关于人类实践行为的解释, 而是一个物自身的本体论。我会交替着使用"物"(object)、"存在者"(beings)或"存在物"(entities)这几个词, 尽管海德格尔自己将"物"(object)这个词局限在"仅仅是一个表征的相关物"(mere correlate of a representation)这样一个贬义的层面。

第二点。工具分析并不只是涵盖器件商(hardware merchants[1])卖的这些特别的物。海德格尔的论述必然包括所有的物, 不管他是不是真的想要撒这么大的网。用具是全局性

---

1 英文原意比较含混,不仅包括了五金商,应该也涵盖了其他硬件、设备器材的商户。——译者注

的，存在者是工具存在。在不断重复这些论点之后，更进一步的暗示马上就能跟上。

第三点。就好像"工具"必须被看作是海德格尔那里的一个普遍性概念，"破损"工具同样如此。如果我们把海德格尔对破损用具的生动讨论看作是对某些时不时会发生的断裂时刻的描述，那就是对它的误读。事实上，他关于故障中的用具的洞见并没有告诉我们任何关于破碎凿子和泄气轮胎各自特别的、不同于其他物的信息。在工具和破损工具之间的摇摆每时每刻都发生在所有的物身上。上手性和在手性这两个词并不是为了区分某些物（或情境）和其他与它们对立的物。相反，这两个词揭示的是充斥着宇宙每一个角落的普遍的二元结构。工具与"被看作"工具的工具之间的区别不能被个别例子点明。

第四点。更令人惊讶。我们不能把这种"被看作 - 结构"限制在人类行为中，无论我们怎么认识海德格尔在 1929—1930年关于动物的讲座是成功还是失败，"被看作 - 结构"确实可以在动物中被找到，因为一个很简单的道理，我们已经可以在蘑菇、树和无生命的石头中找到。人类意识比"被看作 - 结构"要特殊得多。自康德以来，大多数想要对现实做出超越于人类的决定性论断的哲学家都被看作是叛逆的宇宙学家，如果不是被当作彻彻底底的江湖骗子的话。尽管如此，我还是认为海德格尔的工具存在正是将我们引向这个方向，朝向可感世界的被

遮蔽的基础结构 (infra-structure)²。

第五点。工具存在及其在场之间的界限是绝对的 (absolute)。没有任何可以直接达及用具的方法，甚至不能说是渐近地到达或在某种程度上到达。存在之在场的任何内容实际上都完全不同于其隐去的存在本身。这会导致对海德格尔真理问题的某种细微的调整。这里的意思不是说只有一些残留的否定性内容会继续萦绕在在场物周围，问题实际上是任何去蔽行为都没法让我们靠近物本身哪怕一毫一厘。虽然去蔽 (αλήθεια, aletheia) 的观念确实比正确性更接近真理一词，但它不能公正地表述上手性和在手性之间互不相容的特性。这是两个完全不同的本体论维度：互相之间永远不能转换，甚至不存在大概的转换。因此，海德格尔得用另一种对真理的理解来替换去蔽，但他从来没有那么做。

第六点。海德格尔不光没能将"工具"作为一个与"非-工具"相对的具体现实进行讨论：更甚地，他没能讨论任何一个具体的主题。在他几千页的著述中，海德格尔实际上差不多是一个蹒跚的、带有前苏格拉底式简洁的思想家。无论他对具体话题做出过多么敏锐的分析尝试，这些表面上具体的描述很快就会内爆，回到上手性和在手性、工具和破损工具的普遍二

---

2 原文 infra-structure 是对基础设施(infrastructure)一词的游戏性断词，将其以词根分开之后，得到处于……下方(infra)与结构(structure)两词。在这里,这种断词带来了双关含义，既是指往常意义上的基础设施，又是指处于可见结构下的不可见部分。——译者注

元结构那里。为人称道的关于时间的分析仅仅是重复了一下潜藏的用具和其闪耀的可见表面之间的转换关系而已，即便我们理解为"时间"的东西永远都封冻在其轨道上，他的结论也不会改变。同样的道理，海德格尔关于空间的讨论对非空间的物一样适用，他关于理论上的行为处境的描述仅仅是一种不断"拖延"（tarrying）的懒惰的理论形式罢了，而他影响甚大的艺术品论文[3]并没有体现艺术作品中的冲突如何区别于已经充满现实之中的其他物的冲突。简而言之，海德格尔迅速地将每一个特别的事物都浓缩到一个强大的（formidable）本体论的基础（fundament）上，我认为这个基础才是"基础本体论 / 存在论"（fundamental ontology）的真实含义。但他没能细致地描述出宇宙中任何具体的转换（μεταβολή; metabole），而我认为这本应该是被他放弃的"元本体论"（metontology）的任务，涉及的领域远远大于其所声称的伦理与性别差异的主题。

　　第七点。算是某种最终总结。如果前面的论点都成立，那么至少有三个不甚为人关注的哲学问题会从海德格尔的分析中浮出水面。首先，如果无论何时每一个物都总是有两个维度，那么就不会有一个问题会凌驾于另一个问题，而是这些问题相互被铭刻进彼此当中。其次，如果海德格尔对现实的具体领域

3　指海德格尔于 1935—1936 年创作的著名的《艺术作品的起源》(Der Ursprung des Kunstwerkes)一文。——译者注

譬如实践、理论、工具和艺术作品的讨论尝试并没有成功的话，那么在他的著作中究竟有没有什么关于一门真正元本体论的闪光之处能够帮我们处理这些问题呢？最后，如果工具本身不能以"被看作 - 结构"在场（即使是通过部分的去蔽），它们是如何能够对在场的领域造成影响的呢？我将不会仅仅为了说明这些严肃的问题必须被一种形而上学的方法阐明，而花功夫去讨论它们，即使这个词目前在分析哲学和欧陆哲学中都不如历史上任何时期那样受到尊重。如果形而上学必须是本体神学（ontotheology）（在这门学问中，某一个物具有特殊地位，进而可以解释或例证其他的物）因而必须让它继续这种死亡，那么作为一种思辨理论的、以探究终极实在为目的的形而上学则即将再度如日中天，这将会是海德格尔批评努力所引发的一个讽刺性结果。在给读者浅尝了一下我论述的基本要点之后，我将在接下来的部分，以目前的形式所允许的细致程度，尽量努力阐发这些论点。

* * *

我们可以从著名的用具情境自身开始。设想某个早晨尼采正坐在他位于锡尔斯 - 玛利亚（Sils-Maria）住所的书桌前，埋头于《查拉图斯特拉如是说》第二卷的书稿。正如那著名照片所证实的，他周遭满是各色朴素的日常物品：床、盥洗台、椅子、地板、墙和桌子。他穿着鞋子而非直接光脚踩着地板，自由自在地呼吸着清凉的山风而非在矿井的烟霾中咳嗽。他以一种特别的方式置身于这些物件之间，他的生命被这一处境的所有内容所规定。尽管如此，空气中既有有益健康的也有有害健康的微生物。太阳缓缓升起，用光子（photons）、紫外线及其他尚未被发现的存在物轰炸着空气。在尼采房间之外的世界里，有些人继续活着，而有些人则已经死去，有些政府兴盛而有些则陷入了乏力而漫长的衰落。简单地说，这一时刻跟我们生活的所有时刻都没有区别，和当下的时刻也没有区别。那么同工具存在的分析联系起来又该如何被理解呢？

任何一个海德格尔的读者至少都能说出我们不能如何解读。比如，这种境况绝不能像下面这样描述：尼采坐在一个绝对的物理空间里，被由木头和布料制成的特定可用形态的化学合成物所包围，从太阳而来的物质粒子照耀着他，同时一系列真实的政治经济现实也决定着他。这就是"本体的"（ontic）思路，也正是马丁·海德格尔所要消灭的。但海德格尔给了我们什么其他的选项呢？

这个问题的一种答案声称，他描述的房间是剔除了所有物自体的。独立于人类此在，去提任意这些物中的一个（桌子、椅子、光子）便都是将它还原为一个独立的在手物质。在这种被单独拎出的物之前，是使用中的物，是在它所投射的一系列人类可能性当中的。虽然一把独立的锤子只不过是一块躺在空间中的金属，但同样一把锤子在此在手中就成了有目的的行为。

这种解读告诉我们，独立于此在就等同于在手状态，而跟此在保持亲密联系便是上手状态。我非常彻底地反对这种解读。

尼采房间中的每一个物都在其深处发出咕噜噜的声响，在其永无止境的与其他物的决斗和友谊中释放出强大的力量。笨重的桌子承受着一张纸，而后者则又同时极其轻微地挤压着桌子。椅子的腿戳进地板里就好像要弄伤它一般，对它们所得到的（来自地板的）支撑毫无感激之情，对让它们免于坠入地心的土地也绝无谢意。光子像子弹一般打在尼采苍白的手上，有那么一瞬间被反射到遥远宇宙中最寒冷的远方。仅仅因为物就以这样的方式存在，仅仅因为它们相互冲撞、抚摸，相互支撑、破坏，尼采才能"使用"它们。我们说尼采的椅子是为了让人坐，或者太阳使他能够看见，都已经是在提出一个关于这些物的理论。没有任何一句陈述触及了最初的实在，在那里，太阳的存在将桌子的存在和床的存在置于它的热能量辐射当中。

有一种理论化太阳的方式，或将其还原为在手物的方式，就是从原子反应的角度描述它。但是，将太阳定义为用于温暖我的用具或用于照亮我的天空的工具，仍然只是另一种将其理论化的方法，另一种将太阳还原为在手物的方法。太阳并不因为我对它的使用而变得有效。相反，它被使用恰恰是因为它能够产生效果，能够对现实造成某种冲击。太阳不是"被使用"，它是其所是。对桌子、地板和床来说，也是一样的道理。实际上，我总是发现我自己被纳入一个特定的物的地理学当中，所有物都从可见的领域隐退到一个晦暗的原初整体当中，无论是我们的理论还是实践都永远无法穷尽。

以下是总结这些难点的最好方法。有些读者，可能包括海德格尔自己，认为世界自身是一个空的停车场，里面充斥着无动于衷的在手物质，这些物质必须在与人类的接触中才能具有生机（或被激活）。宇宙得是一块中立的物质，只有人类现实能够为这无聊的、没有色彩的原子场域增添生机。工具分析的主角只能是这样一种方式，即此在将具有诱捕能力的关于行动与情绪的框架强行加诸于成堆充斥着空洞空间的无意义的、惰性物质之上。

然而，物是完全相反的：实际上，我们不知道物理的物质究竟是什么。物质的概念并不存在什么"在其自身之中"（in itself）的东西：这纯粹是人为的理论创造。和所生成的相反，将世界从纯粹在手性中解放出来的并不是此在。相反，只要此在和别的东西有所接触，它就会立刻将其转变为（convert）在手物。锤子的上手性首先并非是技术的、社会的或语言的，而是本体论的（ontological）。如果我们考虑一下那些并非由此在创造的用具，这个问题就会多多少少变得更加清晰，即便我们所了解的也并没有更加真切。比如，尼采就依赖于土地的稳定性。他依赖于可以呼吸的空气、臭氧层的威力以及地球到太阳正好对他所属物种有利的距离。在以上任何一个情况中我们都不能信心满满地声称："喔，太阳不过就是用于保暖和照明的用具，臭氧仅仅具有阻挡有害射线的用途，除此之外别无他用。"这些说法全都是理论，它们远远没有穷尽潜藏着的这些物的现实实在，而我们正是每时每刻同这些实在相依相处。实际上，我们完全不知道地板是什么、太阳射线是什么、原子是什么、物质是什么。我们关于这些事物的任何想法都仅仅是对现实的在手性的接近，而这种在手性只能怪我们自己了。每时每刻潜藏在我们脚下的并非是有用性，而是一个无法达及的地下世界，我们之所以可以使用就是因为它在那儿。这是大写的X的帝国。

工具存在并不是可以在技术的、语言的背景实践中被解释的人类现实。相反，它是从所有人类可以到达的领域隐退的，由于和工具存在之间永远保持着距离，所有实践和理论解释只能对其做些微不足道的反映。太阳、床、地板和桌子在构成尼采房间环境的过程中都释放出它们各自的特性（personality）。首先，尼采显然从未注意到所有这些元素；其次，就算他不动声色地在实践中依赖着这些物，他从未能穷尽它们的存在。工具分析并不首要地关心人类对工具的使用，因为人类实践从一开始就受制于一个物的体系，这些物相互切割、破坏、燃烧彼此。正是从这个世界的体系中，理论和实践才得以产生。无论海德格尔想要用用具理论来说明什么，它最后告诉我们的远远多于"实践在理论之前"。工具分析实际上是关于工具自身双面的本质。一方面，它们被困在力与力相互作用的哑剧当中，这种作用在每一刻都生成着新的世界；另一方面，它们出现在我们的视野中，尽管总是以某种特定的视角出现。

按照定义，工具必然是大于这些视角的。太阳很显然不能被化约为尼采或我们其他人对它的体验，甚至也不能被等同于在其在场状况下无生命物的遭遇。太阳有更多数不清的特征，那些特征目前都无法被其他临近它的星体揭示。因此，我认为在工具分析的第一步当中就已经暗藏了一种诚恳的实在论（realism），不管海德格尔是否希望如此。然而，这是一种极其怪异的实在论，因为它需要把所有粒子、波、物质和因果的概念都仅仅看作是在手理论。工具存在的实在性（或现实）隐退到所有其自身的具体的变体背后，使它更接近单子（monad）而非典型的工匠的用具。由于时间的局限，我们只能绕过这个历史性的比较，我论述的第一点现在已经得以澄清。工具分析告诉我们的不仅仅是尼采在房间中的实践操行。它还告诉我们尼采已经在依赖一个地板的存在，这也同样适用于所有其他的在我们可以称为"锡尔斯 - 玛利亚网络"中的物，所有这些物都参与到构造尼采生命的当下之中。这就是论点一：工具分析告诉了我们一些关于工具本身的东西。

紧跟着就是下一个论点："工具存在"是普遍的。我们不能把这个词限制在某一些物上，而排除其他的物。并非只有锤子、桌子和太阳是以这样的方式在我们看见它们之前运作的。甚至一粒没用的灰尘也是如此。如果当这粒灰尘飘过窗前的时候被尼采注意到了，他对灰尘的知觉并不能穷尽灰尘的存在。
他同样也没能在无意识的遭遇中穷尽灰尘的实在性，因为假如
灰尘落在他的皮肤上并引发了严重的过敏反应，它依然有很多
其他的特性，这些特性可能只有一只猫或一只蜘蛛才会受到影
响。灰尘的工具存在并不是来自它对人类是否有用，而是来自
这样一个事实，即灰尘最基本的实在大于它任何个别的效应。

　　再重复一遍，工具分析并不告诉我们某一类作为到达某个
目的的途径的存在物。它告诉我们的实际上是没有一个存在物
能够被其与其他存在物的一系列遭遇所穷尽，因为总是有比所
呈现出来的更多的关于这个存在物的东西。如果我们理解了"工
具"的意思是"实在"（或现实）而非"有用性"，我们就不
会因为说人类也是上手物而感到内疚，尽管海德格尔明确表达
了相反的看法。说人类是上手物并不是说我们用一种马基雅维
利式的方法成功地操纵了他们。这只是为了说明我们每一个人
的实在性都远不同于我们或者任何人对我们自己的了解（知道
或能够知道的）。若不是因为这个，艰苦的内省或全面展开的
精神分析就完全没有必要了。我们每个人最细微的动机、天赋
和局限也就都轻易可见了，不需要我们倾注一生来探索和定义
了。所以，就算人类也是工具存在。尼采在锡尔斯 - 玛利亚可
能受到了友善的对待，也可能他被房东和回测的朋友无情利用。
任意一种情况，尼采都在相同的程度上是工具存在。

　　工具存在不是可被操纵性的一种可量化的单位，这种可被

操纵性根据存在物被操纵的程度增加或减少。相反，它构成了实在性那在任何时间地点都不变的一半：这一半不会转化为某个观察者的某种带有特定视角的在手物。海德格尔已经向我们展现了锤子有两个面，上手性和在手性。现在我们发现一粒灰尘、一个人也是如此，而一只狗、一朵向日葵和一件艺术作品则更是如此。所有这些物都有双面性，它们潜藏的实在性和一系列在与我们的遭遇中生成的现象表面。这就是论点二：工具分析对任何存在物都有效，不仅仅适用于"有用的"存在物。正是由于这个原因，我认为对工具存在最好的哲学史类比并不是亚里士多德的创制（ποίησις；poesis）。只有当海德格尔的工具分析真的在描述独立物的产生时，同亚里士多德的比较才会成立。我已经说过这种解读源于对锤子过于字面的理解，而工具分析并不能被局限于生产工具。根据我的解读，即便是一棵树也能算工具存在，尽管在亚里士多德的意义上它肯定不是被"创制"（或生产）的。重复一遍，工具分析对所有东西都有效，不仅仅是针对一个铁匠的生产，而与一个演讲者或政治家的实践无关。

这就把我们引到了下一个论点，如果前一点能够被接受，那么这一点就显而易见了。海德格尔对失效用具的讨论并不仅仅是关于一个可靠的物如何不再运作。跟工具的讨论类似，对破损工具的讨论具有一种普遍的本体论视野。正如工具并不总是意味着"有用"，破损工具也并非总是意味着"破损"。对海德格尔而言，当用具失效，那么它在先的、未被主题化的功能就浮现了出来，它在某种程度上从不可见的领域里被解放出来并得以在众目睽睽之下 "被看作" 是其所是（"as" what it is）。对理论来说也是如此，理论可以被看作一种刻意的对用具的颠覆，从而将其在先的、被遮蔽的实在性（或现实）昭示于天日之下。

所有情况中的运动都是一样的：那些被遮蔽的和仅仅有效用的，现在都在光天化日之下曝露了他们内里的样子。但这些东西并不一定是特别的、特殊的情况。如果破损工具曝露了物的实在，那么那些被精巧打造的、倍受嘉奖的、从未失效过的工具也一样可以。就算是毫无瑕疵的用具也并非只是消失在不可见的城市基础设施当中，而是至少以其特别的色彩发出光芒，或发出具有特色的隆隆声响，或以可被察觉的方式振动。同样，这不仅仅是从所有人类操行的昏暗深处中解放出来的物的理论。即便是最懒散的懒鬼也并不是在某种无意识的地下世界，在昏迷状况当中沉沦，而是把物在某种程度上 "看作" 是其所是。他很清楚地看到了那边的那棵树，尽管他不曾努力去更进一步地认识它。也就是说，即便是最不理论化的情境也已经在一定程度上将物的一些特征解放到澄明的可见区域之中。简言之，整个世界无时无刻不处在工具和破损工具结构的互动当中。我们发现这些术语并不仅仅指向锤子和螺丝刀，而是指向所有存在物，它们都具有两面性，能够在潜藏效应和可见侧显之间转换。正如海德格尔自己在《时间概念导论》中告诉我们的，任何一个被注意到的物都能通过转换或 μεταβολή（metabole）变成"破损的工具"。

这里我们可以简短地讨论下一种可能的反对意见。我们可能会认为一个在工具存在和"被看作 - 结构"之间摇摆的个别存在物仅仅是肤浅的表面。我们可能会说对具体物的讨论只不过是一个出发点，接下来必须去做的是慢慢从这些物转移到他们的"基础"。我们必须越过对个别存在物的考量，到达奠基这种考量的烦（care；或译为思虑），从烦到达普遍的绽出（ecstatic）的时间性，然后从那里再到达澄明的本有（event of appropriation），[4] 即时间得以进行时间化的场域。按照你的需求，可以在中间添加其他步骤。但是我觉得这种运动在海德格尔的著作中的价值仅仅在它们被当作策略性手段的时候，这种手段拒绝了所有要以在手性的方式把握其后这些术语的想法。存在可能不是一个具体的存在物，它其实是具体存在物的相反

4　原文 event of appropriation 是对海德格尔后期，尤其是《哲学论稿》一书中的核心概念 Ereignis 的一种英文译法。在帕维斯·伊玛德（Parvis Emad）和肯尼思·马里（Kenneth Maly）的英译本译者序言中，两位译者深入讨论了这个概念的翻译问题，认为最合适的翻译应当为 enowning，这个词从构词上几乎还原了原来的德语，将 Er- 译为 en-，将 Eignis 译为 owning，不仅在义素上贴近而且在构词上相吻合。故而不再采用意译的方法译为 event、appropriation 或 event of appropriation 等（Martin Heidegger, *Contributions to Philosophy [From Enowning]*. Trans. P. Emad and K. Maly. pp.xx-xxi. [Bloomington, IN: Indiana Univ. Press, 1999.]）。孙周兴在他为此书所作的中译本附录中也深入讨论了在中文中译为"本有"而非（以格义方式）意译为"大道"的缘由（马丁·海德格尔，《哲学论稿（从本有而来）》，孙周兴译，北京：商务印书馆，2012 年，第 553-556 页）。——译者注

运动。从物逃离，进入它们更深层的基础，只有在物被错误地当作一块块在手物质时才是一种有用的策略。一把锤子或者一把牙刷并没有任何内在的本体属性。只存在对这些物的本体的（ontic）阐释，这种阐释将它们错误地还原为物理的物质，以作日常之用。但是海德格尔的工具分析已经把物带到了比这更深的层次。我们并不是说离物越远越好，而是要尽量远离在手性的统治束缚。

于是就有了论点三：工具和破损工具之间的两面性关系是一种普遍结构，无论被讨论的物是真的破损了还是毫发无损地运行着，都一样具有这种结构。我们或许可以把这叫作工具和"被看作"工具的工具之间的关系。海德格尔思想的每一个角落都充斥着这种关系：这正是他哲学得以建立的基础原子。我们或许会想，是否存在一种办法来将这个原子切开，以便于更仔细地揭示其内部的机理。至少目前我们不需要做这种事情，只需要继续讨论下一个论点。

有一种最常见的谈论工具与"被看作 - 结构"之区别的方法是，将它等同于因果与知觉的区别。在作为可见的金属形象的锤子的底下存在着这样一个锤子，它因果性地作用于正同它接触的地板和房子。我认为真相比这要更怪诞：实际上，即便是物理的因果也应该属于"被看作 - 结构"的层面。如果这种说法被否定，其理由也是可以理解的，这是由于一种想要把"被看作 - 结构"和意识等同的倾向，甚至更狭隘地仅仅等同于人类意识。只要一张椅子不能知觉它脚下的地板，在无生命的领域里就不应当存在"被看作"的结构。我的论点是海德格尔关于"被看作 - 结构"的理解将它放在了一个比他预想的更为普遍的层面上。"被看作 - 结构"实际上比人类意识更加基础。

让我们想一下落叶的例子，一片叶子落下撞在了一堵石墙上，于是被挡住了去路。我并不是要说这片叶子"知觉"到了这堵墙，而是要说这片叶子不管怎样都遭遇到了这个"被看作"墙的存在物。很显然，它并没有遭遇到被看作火焰的东西，因为那样的话，它就会烧起来；它也没有遭遇到被看作螺旋刀片的东西，因为那样的话，它就会被瞬间剁成碎片。这片叶子就我们所指是没有意识的，但是它确实对所有存在物都会产生各不相同的反应，它以某种极为原始的方式面对这些物，并把它们"看作"是它们之所是。注意，这里叶子和墙的遭遇与人类操行一样受到视角的局限。因为撞到墙后会落下，所以叶子也无法穷尽墙的实在。它不会在撞击后破碎，也不会与将石头粘合在一起的物质发生化学反应。其他的存在物可能会发生这样的反应，从而引发叶子所不可达及的墙的作用力。这就是"被看作"真正的意思：一个存在物总是以某个特定的角度或方式遭遇另一个物，总是仅仅揭示出后者能量中的 - 部分内容。但是除了这种原始的"被看作 - 结构"，海德格尔还暗示了一种增强版的或者说涡轮增压版的"被看作 - 结构"，他甚至会认为高度智能的动物譬如海豚和猴子也不具有这种结构。在这种情况，他经常说这样的话，诸如"动物会遭遇食物，但不会把它们'看作'食物，只有此在才会如此"。但是在这种描述中，海德格尔只不过是提出了一种"被看作-结构"的渐变形式，而并未真正建立起这种渐变。

再一次，我们准许将人类意识归属于一个完全不同于叶子遭遇墙壁这样的层次。我要否定的是海德格尔（或不管是谁）能够以"被看作-结构"来理解这种区别。在实践中，"被看作-结构"只能指，物所具有的丰富的工具存在和它在遭遇它物时必然有限的侧显之间的区别。这一基本的区别确实可以在人类对一面墙的知觉中找到，但这种区别已经存在于最轻微的叶子和墙壁的相撞当中。人类意识可能确实具有一种特殊的地位，但是这需要更加复杂的处理，而不是仅仅将其理解为"被看作-结构"，这种结构甚至存在于无生命的领域。

这已经是我的论点四了："被看作-结构"不仅同人类相关，还属于无生命的现实（或实在）。习惯上，我们区分因果关系和知觉、不可见和可见。而实际上，唯一相关的区分只能存在于现实（actuality）和关系之间。带着这个想法，我们就能清晰地理解为什么就连因果关系也必须是"被看作-结构"的一种形式：工具存在甚至回退到因果之后，反向地在任何给定时刻、在任何因果遭遇背后，控制着其所有的作用力。

这将我们直接引向列表上的下一个问题：海德格尔的真理论。我们可以从他在这一领域的杰出贡献出发。将真理理解为去蔽而非传统的正确性，海德格尔从他对在手性的批判中得出一个合法的结论。真理不是正确性，因为无论是理论命题还是"被看作 - 结构"，都完全不可能彻底地反映现实。意识的内容和现实的内容从不会完全吻合，在我们对某物的言说背后总是会有一些残留的东西。真理从来不会将活生生的物给予我们，而只是在一定程度上将其去蔽。到这里为止，都很好。

然而，在有拯救力量的地方也会有危险。和所有的期待相反，作为去蔽的真理从其诞生开始就和自己有着某种矛盾。只要海德格尔被迫需要将"被看作 - 结构"用到两个截然不同的地方，危险就会出现。一方面，所有体验都是关于某物"作为"某个具体物的体验。即便那些不同意我所说的能在无生命层面找到"被看作 - 结构"的人也大概会同意，人类体验本身是具有"被看作 - 结构"之特征的。尼采在他位于锡尔斯 - 玛利亚的书桌前使用这种能够去蔽的"被看作 - 结构"，房子外一个正被拖往某个瑞士法庭的醉汉亦是如此。但是海德格尔既想把"被看作 - 结构"看作是普遍的结构，又想将其看作是一种衡量的标准，用于决定哪种操行举止能更加靠近物。假设一个醉汉正被拖往监狱，路上经过一棵树。这棵树通过让醉汉呼吸的空气变得更加清新，不仅对这个可怜的人产生一种未被主题化的效应：这个醉汉还看见了这棵树，不论是以如何模糊或普通的方式。现在，我们可以用一种比醉汉那种只有模糊轮廓的知觉更加清晰的方式来观察这棵树，可能当尼采探头去观察外面的骚动时能够完成这件事。一个初出茅庐的植物学家可能正好在附近并且被引来对这棵树做更细致的观察。如果尼采正好心情不错，他可能会比植物学家走得更远，甚至于把握住这棵树的存在。

但即使我们接受了这里的每一个阶段都告诉我们的关于这棵树的更多信息，"被看作-结构"仍然不大可能被用来区分它们。这棵树的工具存在和其对其他存在物的任何显现之间有着不可逾越的沟壑。醉汉察觉到的模糊轮廓毫无疑问是"被看作"树的树。当植物学家澄清这是一棵"挪威云杉"的时候也是一样的道理，而当尼采从他房间里出来一边思考着永恒轮回一边凝视着这棵树命中注定的枝权时也是一样。模糊的树的形象和关于树的本体论洞见同样都明确地（直接）看到了树，而非依赖于其无意识的效应。它们都将树从其工具存在中释放出来而进入"被看作-结构"。问题在于我们不能说植物学家或者本体论哲学家看到的树比醉汉看到的更"被看作"是其所是。原因很简单：根据定义，树的工具存在永远不会在场。只要树出现，它就已经不是耐心地存在于其潜藏的深层，而是已经在在手物的领域里徜徉了。没有任何一棵树的属性比另一棵更靠近它那始终遮蔽着的实在。也因为这个，和我们对这个概念的第一印象相反，"被看作-结构"并不是按照不同程度来操作的。令人惊讶的是，这个概念完全是二元的：只有工具存在和"被看作-结构"，没有什么"被看作"的程度。

这样说并不是要支持相对主义。这里必须有那么一种含义，使植物学家的洞见成为远远超过被定罪囚犯的前科学模糊印象的知识。但他们之间的距离并非是更"靠近"物，搞得好像某一刻比其他时刻要更少被遮蔽一样。最终，两种体验都被一种绝对的帷幕遮盖，被树在其本真（Vollzug）或表现中无止尽的不可到达性所遮盖。一个无止尽的、遥远的场所始终保持着无止尽的距离，不论我们走了多远。不断被植物学家发现的树的属性和藏于地下的、从所有知觉中退隐的，并最终从所有因果关系中退隐的树的存在完全不能相比。真理不大可能是去蔽，因为没有任何东西被揭露出来，一点都没有。所有在一开始就隐藏在帷幕之下的最终依然隐藏在帷幕之下，没有东西从一边逃到另一边。我们必须要一个不同的关于真理和理论操行（举止）的模型，一个除了否定前面所提出需要否定的以外便不再声称提供任何其他东西的理论。这就是论点五：没有任何东西被去蔽。因此，工具存在和在场之间的运行关系依然是一个谜。

第六点也是最后一点可能对听众而言是最有意思的，尽管因为时间的原因，我们只能做一个仓促的概述。我此处的论点是，海德格尔从没有告诉我们任何关于具体事物的东西，而仅仅是令人厌烦地在所有可能的语境中，重复着他关于工具和破损工具的结构性对子。我会通过对海德格尔时间概念的极简短讨论，对此做一个简要解释。即便围绕绽出的分析充满了高度技术性的论述，这些分析的结论既是那么的深奥又是那么的简单，以至于能够轻易地解释给哲学新手听。

鉴于海德格尔对在场无情的批判，我们似乎很自然地会认为他的时间理论必然也会是对当下（present）的强有力批判。并不是说尼采此时此地坐在他的房间里，此时此地桌子、椅子和阳光也一同在场。相反，尼采发现他自己处在一个时间性的模糊处境当中。这种模糊到底由什么构成呢？桌子和椅子还有阳光并非就这样像无动于衷的物质一样在那里，它们都已经处在本体论的危机网络当中。当我们思考尼采在房间中的状态时，我们发现即便是"被钉在十字架上的"[5]也无法按照他想要的来构造世界，就好像可以无中生有（ex nihilo）一样：他发现自己已经被困在一个粘稠的由桌子、布料、阳光和空气构成的环境当中。这个尼采已经被抛入其中的物的体系就是海德格尔绽出中所说的"过去"。但同样的道理，物的体系不是一块显而易见的、清晰可辨的东西。它是针对尼采而言的，所有这些无论有益还是有害，都是针对他自己具体的想法而言的。同一个房间可能对来拜访尼采的人而言有完全不同的效果，就不提窗沿上年迈的飞蛾了，对它而言这些可能都是毫无意义的。尼采被抛（thrownness）状态中的特定存在物，以特定的、以他自己的构造方式作为一个独特的存在物出现，这便是海德格尔绽出所言的"未来"。而"当下"则是这些相对的维度被

5　此处应意指耶稣。至于为什么不直书其名，原因不详。——译者注

对折到一起的地方。海德格尔的时间性不过如此，在自身投射（projection）中的物和在其隔绝的存在中的物之间命定的转化。

但这跟时间难道有任何关系吗？假设我们有神的力量来停止时间，并且能对锡尔斯 - 玛利亚做这个思想实验，让我来看看会发生什么（只有柏格森否定了时间可以被还原为静止的帧，在海德格尔那里并没有任何可以阻止这种做法的论述）。实验开始，时间停止了流动。尼采现在被冻在他手稿的上方，而其他所有充斥着他房间的物都静止在各自的位置上。尼采和这些物是否现在都被还原到单一维度的在场当中？一旦时间中止，三分的绽出分析是否就消失了？令人震惊的是，并没有。即便是现在，尼采依然是被抛入一个具体的环境当中的。即便是现在，在这个环境中的物并不仅仅是中立的结晶固体，而是被插入尼采 - 系统的所有投射当中的，并以一种不同的甚至更加悲伤的方式向正在死去的飞蛾显现。

总结：海德格尔倍受赞扬的时间分析根本没有告诉我们关于时间的东西，因为在一个被剥除了时间特性的状况中，这套东西依然有效。说只要它是本体时钟时间的"基础"，它就对得起"时间"这个名字是不成立的，因为这是所有本体物的基础，而跟时间没有特别的关系，那种它跟空间或理论所不具有的关系。不可否认的是，海德格尔会反对这种把时间看作"当下 - 节点之序列"（sequence of now-points）的解读。海德格尔攻击的并不是当下 - 节点，而是序列：相信时间是由在手的瞬间组成的，而这些在手瞬间只能在其自身之外找到逃离在手性的方式。海德格尔最关键的发现，正如列维纳斯所说的，是"一个瞬间并不是一块东西，它是分节造成的"。但是，列维纳斯将海德格尔看作是一个偶因论者也是对的，因为对他而言，联系一个瞬间所有组成部分的模糊的线索，取代了关于任何瞬间如何被相互联结起来的理论。不像柏格森，海德格尔对后一个话题完全没有兴趣。

这就是论点六，同前一点紧密相连。这里的问题是没有任何一个去蔽的时刻能够被或多或少同其他的去蔽时刻区分开来，因而没有任何区分真理的不同程度的办法。尽管更进一步地论述会把我们带得太远，我们也发现在空间和非空间之间、在艺术作品和非艺术作品之间没有什么差别。在所有例子中，实在的领域仅仅由现在的实在（或现实）（工具存在）和这一实在被释放为可见的方式（"被看作 - 结构"）的关系所定义。所有存在的领域都被描述为某种特定的去远（Entfernung；de-distancing）[6]或去活（Entleben；de-living），但这些都有损他对时间或空间或艺术的描述，我们可以看到它们对太阳底下的所有东西都有效，并且完全没能澄清这些作为具体实在的物。不需要一件艺术作品来制造海德格尔世界中的矛盾，正如我们

---

6 此处中译参考了陈嘉映与王庆节的《存在与时间》译本，尤其是第130页中对该术语做出解释的脚注。——译者注

所见，认为艺术作品在给予我们"作为"矛盾的矛盾时是毫无
效果的。这不过就是更进一步的想要将一种衡量标准带入在任
何时刻都永恒、普遍、统一的"被看作 - 结构"的企图。简言
之，海德格尔转向的地方正是他仅能提供一个重复的理论，这
一理论是关于透明性如何不断被混浊所影响。尽管这在希腊神
庙和古巴比伦迦勒底人（Chadean）的神庙的情况中必然会很
不一样，但他从未告诉我们为何。即使在他颇具诱惑性的对四
分 / 四重体（fourfold）的描述中，我们也不能了解一个水壶或
一座桥的镜像游戏和一座山或一个铁砧的镜像游戏有何不同。
海德格尔那里不存在一门元本体论，而只有"朝向"一门元本
体论的笔记。

　　我们现在直接跳到本文的结论。通过我这里对海德格尔的
解读，可以说有三个基本的哲学问题浮出水面。第一，我们需
要一个更好的对一个物的工具存在与其众多呈现给我们及其他
所有存在物的侧显之间关系的描述。这不仅仅是一个试图确定
实践与理论孰先孰后的问题。一个非常不同的问题浮出水面，
工具的任何痕迹是如何被印刻到与其不可调和的"被看作 - 结
构"的领域当中的。第二，我们可以问一个相反的问题。给定
任何一个具体的知觉或对一个物的理论描述，当它已被证明不
可能再更进一步地靠近物本身时，我们如何能够"深化"我们
对这个物的体验？如果不存在一个渐进的去蔽方式，我们如何
避免一种绝对自由的混乱，即任何对一个物"被看作"某物的

粗糙把握与最深奥的对这一物的突破的混淆不分？如果我们不仅放弃了物自身的肉身在场，还抛弃了通过去蔽达到的渐近的方式，我们如何能够解释人类知识的扩展？第三，这也是最有意思的一点，有没有办法可以避免无尽的对一个洞见的重复，即所有的实在都在被遮蔽的和被去蔽的模式之间回荡？有没有办法可以获得哪怕是一点点关于实在（或现实）中的每一次转换（metabole）不同于另一次的洞见？有没有可能存在一种对物的秘密形态的全新的、具体的研究？

5. 布鲁诺·拉图尔，网络之王(1999)

　　我开始读拉图尔的书是在 1998 年 2 月，受一位叫菲利克斯·斯塔尔德 (Felix Stalder) 的瑞士熟人的推荐，那时候他还是多伦多大学的博士候选人。我们在几个月前于多伦多认识，那时候我正在那里做两次关于海德格尔与麦克卢汉关系的讲座。次年，有人希望我在德保罗大学做一个关于拉图尔哲学的讲座，这个讲座最终于 1999 年 4 月 16 日进行。比尔·马丁 (Bill Martin) 教授也参加了这次讲座，并建议我发一份讲座稿给拉图尔本人。我照做了，并因此开启了让我受益良多的同拉图尔的书信往来，这种交流在那之后一直持续了好些年。

　　1996 年的春天，《社会文本》(Social Text) 期刊发表了阿兰·索卡尔 (Alan Sokal) 臭名昭著的恶作剧文章《跨越界限：迈向一种全新的量子力学阐释》(Transgressing the Boundaries: Toward a Transformative Hermeneutics of Quantum Gravity)。[1] 这篇文章假冒成对自然科学的后现代批判，但实际上是一匹别

1　索卡尔的文章发表于 Social Text, 46/47 (Spring/Summer 1996), pp. 217-252。

出心裁的特洛伊木马，专门被设计出来用于嘲讽其表面上所要捍卫的立场。无论对索卡尔的文章还有什么可说的，作为一个讽喻性作品它几乎是一部杰作。确实，这是那十年里最为精彩的知识界的恶作剧，即使我们最喜爱的作家也名列嘲讽的受害者，我们也还是如此认为。正如你可能记得的那样，这篇文章马上引起了巨大的骚动，各种爆料文章开始出现在《纽约时报》《民族周刊》（The Nation）以及其他大批量发行的报纸期刊上。那年春天住在爱荷华大学城的我被这新闻逗乐了，并且立即召集了几个好友到一个昏暗的小酒馆，畅饮庆祝了一番。[2] 尽管我们对索卡尔过于浮夸的得意情态和笨手笨脚的哲学宣言有所担忧，但他在那会儿确实是我们心中的主角。然而，这种情况并没能维持多久。《社会文本》上这篇文章面不改色的精彩语气很快就让位于索卡尔布道式的对相对主义展开的公开讨伐，这种讨伐在很多方面都无异于乔治·威尔（George Will）和雅丽安娜·哈丰顿（Arianna Huffington）所写的那些肤浅的报刊专栏。我们同样得忍受索卡尔让人困乏的表演，他挑起自己的左派信众来反对左岸（rive gauche）[3] 的后现代主义者们，一场冗长乏味的在公众人物之间进行的论战即将拉开序幕（"我比你更加激进。"；"不，我才是真正的激进派，而且我在中美

2　这里所谓的聚会是虚构的，在我作的一个讲座里被提起只是为了某种娱乐的修辞。

3　指塞纳河左岸，为巴黎的学术、文化圣地，众多著名大学、机构和学者云集于此。——译者注

洲教过书，足以证明这点。"）。但是最糟的还要属索卡尔的
讽刺在后来成了一本枯燥乏味、长如专著的对法国哲学进行概
述的著作的基础，这本书由他和比利时物理学家让·布里克蒙
（Jean Bricmont）合著，取了一个粗俗的书名《时髦的扯淡》
（*Fashionable Nonsense*）。[4] 它首要的攻击对象包括拉康、克里
斯蒂瓦、伊利格瑞、鲍德里亚、德勒兹 / 加塔利、维利里奥、
利奥塔和德里达。这些名字对在座的各位而言足够熟悉了，但
在索卡尔的出气筒里，还有一个名字，当时的我还不甚熟悉，
甚至于我以为现在对你们而言还是不大熟悉：布鲁诺·拉图尔。

　　我希望今天的讲座不仅是一个对拉图尔著作的基本概述，
还能是一个激情满满的概述。由于众多原因，我认为不好这么
轻易地将他同其他的诸位一起放进后现代的打击名单里，不管
你是否认为他们应该被放进那里。拉图尔比的众多成为目标
的同行年轻得多，他对我而言似乎代表了法国哲学的一个新时
代，在很多方面与更熟悉的（法国哲学）有不少矛盾。尽管这
并不能自动地说明拉图尔成功地击败了比他年长的同时代法国
同行，但这确实说明了他不能和其他人一样被同一把剑刺杀，
而这正是索卡尔试图懒惰处之的。和索卡尔的声言相反，拉图
尔并不持有反 - 实在论和对实在的整体论的立场，这些立场经

4　Alan Sokal and Jean Bricmont, *Fashionable Nonsense: Postmodern Intellectuals' Abuse of Science*. (New York: Picador, 1999.)

常能够在近期的法国思想中被找到，而拉图尔实际上从一开始就严厉地批评这种立场。最重要的是，他并没有提出科学是由权力关系或隐喻性语言策略，社会性地构造的。相反，拉图尔的宇宙充斥着数不胜数的人类和非人行动者（actors）。政治权力作用在我们身上，文本修辞作用在我们身上，但水泥墙、冰山、烟草田和毒蛇也作用在我们身上。在任何对有生命体和无生命体的区分之前，在"自然真实"与"社会生产"的区分之前，世界是一场众多真实的、分离的存在物之间的斗争。因此，哲学被微妙地转变为一种被拉图尔叫作"行动者网络理论"（actor-network theory）的东西，我们很快就会讨论这个术语。

与此同时，关于《社会文本》恶作剧的边缘问题，我们还有最后几句话要说，这会直接引导我们去反思在这个国家[5]对拉图尔的最为普遍的误解。必须要承认的是，索卡尔的文章确实做到了一个好的讽刺需要做到的。在几十页纸的内容里，他保持了一张冷静的面孔，而不是轻易的嘲笑。这篇文章避免了对其所模仿事物的愚蠢夸大，并将自己限制在复刻那些真实的后现代思想的风格怪癖上，它抛弃了显而易见的梗，反而完全扮演了它应该扮演的角色。仅仅因为这个原因，它得以不被察觉地通过《社会文本》的把关评审。但是这篇文章究竟成功地嘲讽了什么呢？为什么我的朋友和我会如此急于以威士忌和香

5　即演讲所在的美国。——译者注

槟向其敬礼？

　　我认为索卡尔的文章至少有如下这些优点。最为重要的是，它撕碎了学术话语中毫无创新的规章惯例，这种规章在应当是具有解放性的后现代主义语境中，似乎已经到达了颇具反讽意味的顶峰。比如，索卡尔文章的风格本身就近乎不可读，因为它包含了 109 个脚注，而它们当中大多数毫无意义。一个没有脚注的反讽文章会被接受吗？由你来做出判断。这出恶作剧的另一个让人捧腹的特征是，索卡尔短短 33 页的文章竟然包含了让人难以忍受的 12 页之长的参考书目，而且在此情形下还通过了期刊编辑的审核。哪怕是最简单的可读性和清晰文风的标准都应该足以让他立马收到一封拒稿信。同时，猖獗的奉承和阿谀成了每段话的中心，自大的学术术语诸如"问题化"和"相对化"更是轻易地遍布反讽文章的每一页纸。最糟糕的是，没有出现哪怕一个反对法国或美国后现代主义学术明星的严厉辞藻。这种巴结逢迎的姿态，往往将自己伪装成谦虚或充满敬意，实际上却将那些拥有至高学术地位的人变得近乎不可靠近，继而加固了这种小圈子的持续存在，这和让高中拉拉队感到骄傲自满的情况并没有什么差别。与一个有利于原创思想生长的狂野西部氛围相反，索卡尔的文章只是复制了社会棋盘上愤世嫉俗的操纵，就好像《社会文本》的编辑斯坦利·阿隆诺维茨（Stanley Aronowitz）自己也被文章的题词所引用。

　　所有这些都极富娱乐性，完全值得像我们那样为之喝彩。

但是索卡尔似乎奇怪地相信，真正幽默的是他反讽文章的内容。这在他和布里克蒙合著的书里变得愈发明显，这本书的中心论点大概可以这么概括："法国哲学家认为不存在外在的世界，但这是毫无意义的。法国哲学只是时髦的扯淡。"（那些认为我在夸张化索卡尔的论述的人只需看一下此书封面上埃菲尔铁塔的图画。）简言之，他攻击法国哲学并非因为后者陈腐的术语和猖獗的以事业为核心的阴谋，正是因为这些，它们在美国得以受到追捧：相反，他主要是想要攻击其反 - 实在论的主张。但这种抨击有两个问题。首先，反 - 实在论是完全站得住脚的哲学立场，其倍受尊敬的辩护者至早可以在古希腊被找到。虽然我自己也渐渐对当代哲学中的这一部分不再感到同情，但这一立场也很难说是"扯淡"；索卡尔的目标是睿智的作者，它们不应该被当作一群小丑。其次，也是对今天的我们而言最重要的，布鲁诺·拉图尔并不算是一个反 - 实在论者，正如我们开头引自索卡尔自己的段落所阐明的那样。

对《社会文本》事件的这些简短讨论意在提供一个重要的、初步的警告。不论你今天或未来听到过什么，千万不要相信任何一个告诉你拉图尔认为"所有实在（或现实）都是社会构造的"人。这个观点是否应该被全部或部分地归咎于索卡尔名单上的其他法国思想家，我留给你们来定夺。但这种论断对拉图尔来说绝对不可能成立。同样，这种认识并不需要什么对他作品微妙的、间接的阅读方式，因为这已经被那么明白地说出来，只有一个懒惰的或充满偏见的读者才会忽视。

以下论述的目标有两个。首先，我想要给今天下午听众中的大多数并不熟悉拉图尔的人提供一个关于他著作的介绍，但是，我这么做更多是以一个粉丝的身份而非一个专家。其次，我想要嗅一嗅拉图尔著作未来的前景，并指出他关于实在（或现实）的新模型将会得到那些在当代欧陆思想中渴求新鲜潮流的人的鼎力支持。因此，接下来的语气既有点像书评，又有点像反叛的呼声（rebel yell）。在讲座和提问之后，我邀请你跟我一起去一家位于拉辛路和蒙塔纳路街角的光线昏暗的小酒馆，跟我一道再次献上一轮喝彩。[6]

* * *

布鲁诺·拉图尔是巴黎矿业大学创新社会学中心的社会学教授。当被要求描述这个他所从事的、难以表述的学科时，他经常将其称为"科学研究"，既不同于科学史，又不同于科学哲学。作为米歇尔·塞尔（Michel Serres）的早期门生，拉图尔现在是社会学与信息研究领域冉冉升起的新星，并且他也已经开始受到美国哲学家们的注意（他们当中的大多数在分析传统中工作）。基于他的一些零散的言论和他惯常的形象，我觉

6　这里指加拉格的碳烤与酒肆（Gallagher's Grill and Tavern），是德保罗大学学生与教员在那段日子里惯常的讲座后的去处。

得他应该还没到 50 岁。不管怎么说，他才刚刚进入他的学术高峰期，也因此在即将到来的新世纪前半部分[7]，注定会成为一股我们必须要重视的力量。确实，鉴于他介于分析和欧陆思想之间、自然和技术之间、科学和语言之间的策略性立场，我愿意预测他将在 2010 年左右成为我们领域中最重要的哲学人物。[8]然而，只是最近他的名字才开始在我们周围被提起。正是这个缝隙使我写作了今天的讲座稿。

可能我应该用几个简短的词语概括拉图尔的大致倾向。拉图尔是一个投入的写作者，尖锐地针对名望已成的后现代人物，诸如鲍德里亚和利奥塔，尽管他对像德勒兹这样的思想家更具同情。他对海德格尔乏味的技术观和存在隐退的观点充满了有理有据的轻蔑，而对哈贝马斯的著作更是毫无耐心。但是尽管他有能力进行精彩的论争性刺杀，拉图尔作为作者的人格却是极其耐心且颇具学问的。他并不是一个反建制（或陈见）的火焰喷射器，而是一个对学术机构的角色和合作研究项目抱有极大信心的人。他在去年春天于西北大学做的系列讲座里给人一种友好和可亲的印象。[9]尽管他时不时地表现出其高卢人的性格特征，但他的著作和公开讲座，与那些我们熟悉的欧洲学术

7　本文的基础是作者在 1999 年所作的一个讲座。——译者注

8　这一预测显然还是过于乐观。

9　拉图尔于 1998 年 5 月在位于芝加哥郊区的埃文斯顿（Evanston）的西北大学作了讲座。我当时没能和他说上话，尽管我和他本人在几天之后坐同一架飞机从芝加哥飞往巴黎。他只是回家，而我则是作为游客去那里庆祝我 30 岁的生日。

明星严肃、固执己见的讲座相比，有一种更加随意的美国人气息。最值得一提的是，他绝对是所有哲学传统中当今依旧活跃的人里最风趣的。数不尽的笑话和嘲笑式的类比充斥着他的著作，其中不少让人想起德勒兹式的幽默感。

作为众多科学研究文章的作者，拉图尔很可能以他的五本专著最为出名，这五本书都已经被翻译成英文。1979 年，他与史蒂夫·伍尔加（Steve Woolgar）合著的《实验室生活》，有一个可能需要为众多对其著作在我国 [10] 的误解负责的副标题——《科学事实的社会建构》[11]。1984 年，《法国的巴斯德化》（The Pasteurization of France）的法文本问世，四年之后被翻译成英文，该书试图取消将巴斯德视为天才的解读方式，作者提供了对促成巴斯德理论和疫苗广为接受的各种物和力的合力作用的分析；此书的后半部分"不可还原性"（Irreductions）提供了对拉图尔大致立场的一个出色的、系统性的描述。他的突破性著作《科学在行动》（Science in Action）于 1987 年出版，该书至今为止依然在美国被普遍认为是他的代表作，尽管我并

10　此处指美国。——译者注

11　需要注意的是，这里作者将原书副标题弄错了，原书的全名为 Laboratory Life: The Construction of Scientific Facts，并没有出现 "social" 一词，故不存在作者所说的误导。该书中译本已由刁小英和张伯霖译出，书名为《实验室生活：科学事实的建构过程》，更符合原书。译者查阅了这种错误的由来，发现在拉图尔的个人网页上，该书的标题确实被写成了 Laboratory Life: the Social Construction of Scientific Facts，因此，不排除作者是参考了这个网页上的书名，未加考证便当作实际出版的书名了。参见 http://www.bruno-latour.fr/node/218。——译者注

不同意这种评价。140 页的宣言《我们从未现代过》（*We Have Never Been Modern*）于 1991 年问世，是目前为止，对他思想最为精简的总结，也是我愿意推荐给在座听众作为起点的书。拉图尔的第五本书，颇具趣味且标新立异的《阿拉米》（*Aramis*）是一部关于不大为人所知的阿拉米系统被取消过程的文学探索：一个意图取代巴黎地铁的完全电脑化的系统，由可分离的单独列车组成，这些列车可以独立在城市的任何点之间运行，而无须换乘。这部作品能比肩弗朗西斯·培根关于火的言论、亚里士多德对好运的定义，以及莱布尼茨的《奇怪的哲学》(Drôle de Philosophie) 残篇，是我所读过的最有趣的哲学文本。

今天，我会专注于《我们从未现代过》这本书，该书不仅恰好简短，还可能是最能将拉图尔尤为哲学的洞见有效表述出来的一本书。一开始我们就必须承认这可能是一个多少不那么寻常的对拉图尔的概述。他的很多粉丝并没有像我这样对本体论的高度兴趣，而是实证研究者，用他的方法去描述具体的技术制品。比方说，我在加拿大和英格兰的同事们用拉图尔的著作来探索电子货币的影响后果。但原则上，这种著作能被应用到任何存在的东西上，因为即便是花、岩石和彗星也能算作是行动者（actors）。鉴于他著名的对巴斯德微生物和阿拉米硅基行动者的动用，我们可以说更有意思的是，拉图尔甚至更像一位对具体个别物的解读者，而非普遍的物的理论家。尽管如此，这里吸引我的是本体论。那些希望尝试拉图尔的一些更注重调查的研究的读者，我建议你们去参考前面提及的其他著作。

《我们从未现代过》的起始问题关心的是，被拉图尔称为"杂交"现实（"hybrid" realities）的状态。当代世界，他观察出，充斥着这样的混合。一篇关于臭氧层空洞的新闻文章，一方面处理这一危机的科学现实：空洞是可以测量的，因而显然是真实的。或是，真的如此？另一方面一些主要化学公司的首席执行官们，在政府的压力下，匆忙服从新的针对氯氟碳（chlorofluoro-carbon）的规定。但突然，事与愿违，始料未及的是：天气学家和气候学家认为所谓的全球变暖实际上是正常的行星波动的结果，与人类活动无关。突然一下子，臭氧层好像不再像一个客观的物理事实一样，而是像权力与知识在相互竞争的利益集团间的斗争场所。全球变暖是真的，还是仅仅是一些叙述？这绝不是一个轻浮的问题，因为深入的政策决定依赖于对这个问题的解答。正如拉图尔所说的："同一篇文章综合了化学反应和政治反应。一条单独的线索连接起最深奥的科学和最肮脏的政治，连接起最遥远的天空和里昂城郊的一些工厂……这些东西并不能相互调和，然而它们就在那儿，被困在同一个故事中。"[12] 像往常一样，拉图尔提供了尽可能多的补

12　Bruno Latour, *We Have Never Been Modern*, p.1. Transl. by Catherine Porter. (Cambridge, MA: Harvard University Press, 1993.)

充例子，既是为了搞笑也是为了更清楚地说明。比如："在 [今天报纸的] 第 12 页上，教皇、法国主教、孟山都、输卵管，以及德克萨斯的原教旨主义者们聚集在一个避孕套周围的怪异的 [网络] 当中。"[13]

在这些联系中不可能找出一对是纯粹自然的，因为我们对物自体的到达从来不是直接的，并且因为到达任何知识的道路经常是修辞争斗的区域。但是同样的道理，这些联系中没有任何一个是纯粹被建构的或纯粹政治的：在所有修辞之外，我们要么全都会死于癌症，要么不会。这跟文学修辞或者建构或者主体通过权力诡计造成的消亡都没有关系。一方面，有索卡尔和他的亲属们，坚持着实在的真实性以及社会效应的次要性；另一方面，有些自认为机智过客观事实的弄潮儿，接受了固执的批判立场，以保护他们自己免受任何关于纯粹事实的幼稚观念的欺骗。我们必须明白，拉图尔对两者都持反对的意见，认为他们都受到了误导。

世界充斥着杂交物，是戈迪乌斯的死结（Gordian knot）。[14]拉图尔关于现代性的矛盾论述紧随其后。现代性制造出怪兽般

13　Bruno Latour, *We Have Never Been Modern*, p.2. Transl. by Catherine Porter. (Cambridge, MA: Harvard University Press, 1993.)

14　这一俗语最初源于一个古老的传说，小亚细亚地区一个名为戈迪乌斯的国王打了个死结，声称能够解开这个结的人便能统治亚洲，但无人能够解开。直到公元前 3 世纪，亚历山大大帝用剑劈开这个结，将其破解。此后，戈迪乌斯的死结便被用来指难以解决的问题。——译者注

的对众多物的联系，奇怪得让"超现实"成为我们这个时代的日常语言的合成物。不久前的某天，我们发现《妓女》（Hustler）杂志的出版商拉里·弗林特（Larry Flynt）和杰瑞·法尔维尔神父（Reverend Jerry Falwell）同美国宪法和一些色情卡通联系了起来。今天，布拉格和布达佩斯进入一个包含来自密苏里的秘密轰炸机的机器当中，里面还包括东正教修道院、美国有线电视新闻网、奥斯曼帝国的鬼魂。[15] 现代性将这些物打乱重组为更新、更怪的组合，现代性制造了太阳底下最遥远物之间的巨大的联合体。但是现代性的第二副面孔，同第一副相对，是它不停歇的批判姿态。现代性不仅制造杂交物，还对它们进行智性的纯化，不管是通过悬置所有的教条和神秘属性来达及自然本身的理论，还是通过用怀疑的目光照向所有科学声明来将它们看作人类政治与语言规范的表面效果。

如此，戈迪乌斯的死结被劈开了。我们要么捍卫自然作为通往现实的钥匙，要么认为社会惯例是所有事物的根基。这么说吧，我们可以轻易地设计出这样的策略，使我们可以根据自己的需要，在两种立场间来回切换。美国的自由派在同性恋是遗传的和犯罪是环境促成的之间毫无问题地切换，而保守派以同样的虚伪说着贫穷一直存在并且会一直存在下去，同时甚至要求足够多的社会工程师来监控互联网上的辱骂言论。在这两

15　这里指北约在 1999 年科索沃危机期间轰炸塞尔维亚，在讲座时轰炸仍然在进行中。

个例子中，我们来回切换于两个相互排斥的阐释理论，声称每一个物要么是自然发生的，要么是社会生产的。确实，我们以更快的速度在两者之间切换。

但是拉图尔把他哲学的目标描述为重新打上戈迪乌斯的死结。世界在每种情况中都是意见、政治机构、化学元素、湖泊和书写文本的网络。试图让其中一个优先于其他某个、想要去凭空想象他者，这便是在重复现代性所企图的纯化工作。为了方便，拉图尔描述了三种这样的纯化。第一种是他称之为"自然化"的东西。这里，从一个与常识紧紧相连并被索卡尔公开支持的视点来看，物理的物是我们应当认为的最终基础，社会因素不过是附加的在事实之后到来的复杂化过程。对这个视点而言，真正的实在（real）是臭氧层空洞的客观存在抑或不存在，只有在所有"非理性"权力斗争遮住它时，空洞才会被遮盖。但是拉图尔又声称："我们不可能在不将多肽（peptides）与一个科学社群、兴趣和实践联系起来的前提下理解多肽——所有障碍都很像方法、理论和神经元的统治。"[16]

第二种纯化的方法，可以被叫作"社会化"，以皮埃尔·布迪厄（Pierre Bourdieu）为代表。这里，"科学真相 [应当等同于] 纯粹的政治利益，而技术效率则等同于纯粹的策略性操

16　Bruno Latour, *We Have Never Been Modern*, p.4. Transl. by Catherine Porter. (Cambridge, MA: Harvard University Press, 1993.)

控。"[17]然而，我们无法在讨论社会权力的同时不去讨论它和物之间的关系："根据投资的是燃料细胞还是内燃机，法国电力集团（EDF）和雷诺走上了完全不同的道路；电气发明前的美国和电气发明后的美国是两个不同的地方……"[18]简单地说，想要将所有物都还原为政治傀儡，这和幼稚的实在论一样很快就会失败。

第三种纯化的形式，拉图尔把它叫作"解构"，差不多等同于德里达。如果我们在谈论外部客观的物或者人类的权力游戏，"那么，[我们]必然只是在讨论话语、表征、语言、文本、修辞。"[19]像其他几种一样，拉图尔同样拒绝这种纯化方式："当[唐纳德·]麦肯锡在检查[导弹中的]内部导航系统时，他正在谈论能将我们全部杀害的安排……当我在描述巴斯德对微生物的驯化时，我在动用19世纪的社会，而不仅仅是一个伟人文本的符号学；当我在描述大脑多肽的发明 - 发现时，我真正在谈论的只是多肽本身，而不仅仅是它们在基耶芒教授（Professor Guillemin）实验室里的表征再现。"[20]简单地

17　Bruno Latour, *We Have Never Been Modern*, p.4. Transl. by Catherine Porter. (Cambridge, MA: Harvard University Press, 1993.)

18　Bruno Latour, *We Have Never Been Modern*, p.4. Transl. by Catherine Porter. (Cambridge, MA: Harvard University Press, 1993.)

19　Bruno Latour, *We Have Never Been Modern*, p.5. Transl. by Catherine Porter. (Cambridge, MA: Harvard University Press, 1993.)

20　Bruno Latour, *We Have Never Been Modern*, p.5. Transl. by Catherine Porter. (Cambridge, MA: Harvard University Press, 1993.)

说，科学既不处理现实实在，也不处理权力，亦不处理修辞，而是处理所有这些，只要它们都属于有生命和无生命行动者这个网络。拉图尔这样总结道："修辞、文本策略、写作、舞台安排、符号学——所有这些都处在危机当中，但是在一种新的形式当中，这些要素对物的本质和社会语境具有同时的影响，即使它们不能被还原为这个或那个。"[21] 虽然相互间不能还原，所有这些领域都能在一定程度上被翻译成另一个领域（参考米歇尔·塞尔），这种情况在《法国的巴斯德化》一书的后半部分被描述为科学的"不可还原性"。

现在我们应该比较清楚了，拉图尔并没有在说"现实是社会建构的"，因为这只是三种被他视作偏颇的纯化企图之一。因此，理查德·罗蒂（Richard Rorty）说下面这些话的时候完全误解了拉图尔："我们可以说，对福柯而言，人权和同性恋都是近期的人类建构，但只有当我们说，对布鲁诺·拉图尔而言，夸克也是建构。"[22] 很显然，罗蒂对拉图尔的解读明显带有他自己对自在自然的具有实在主义色彩的攻击。但是罗蒂这么做就是为了说明人类的语言实践变成了宇宙中唯一的、真正的现实，而拉图尔则把人类行为放在和自然同等的地位上。我

---

21 Bruno Latour, *We Have Never Been Modern*, p.5. Transl. by Catherine Porter. (Cambridge, MA: Harvard University Press, 1993.)

22 Richard Rorty, *Truth and Progress: Philosophical Papers, Volume* 3, p. 8. (Cambridge, UK: Cambridge University Press, 1998.)

被这种奇怪而又持续的误读弄得很困惑，于是在 1998 年 11 月 8 日给罗蒂写了封信以表达我的反对。那封信么说：“亲爱的罗蒂教授……很明显，拉图尔确实批评了某种世界观，在这种观念中，某些观念或存在物被定义为自然的，而其他的 [仅仅] 是人类的编织。但是在上面的段落中，你似乎暗示他是通过将所有东西定义为建构来达到这个论述的。实际上，这让我很惊讶，因为这恰恰是拉图尔所反对的观点……”[23] 有点让我意外的是，罗蒂在一周之后给我回了信，信是这么说的：“亲爱的哈曼教授：感谢你的来信。你是对的，我应该把 [布鲁诺·拉图尔] 从那句话里删除。他的观点要更为复杂。我想说的是夸克不多不少，和人权一样也是一种社会建构，而那些体现出现实对抗社会建构的区分可以被合理地忽略。此致敬礼，理查德·罗蒂，1998 年 11 月 16 日。”[24]

但是在罗蒂仅仅通过断言所有东西都是社会的来“合理地忽略”这一区分的地方，拉图尔则视之为不过是另一种现代纯化运动而已。和罗蒂优先化人类语言惯例不同，最为重要的是一个充斥着行动者、施动者、物的网络，它们互相翻译并且取代对方的力。最后，达及我自己的私人想法的过程，同样也是每分每毫都被中介的，就像要到达一块砖头或一片叶子的内部

23　哈曼于 1998 年 11 月 8 日寄给罗蒂的信。

24　罗蒂，私人通信，1998 年 11 月 16 日。（尽管罗蒂对我致以礼貌的敬意，但我当时还不是一个教授，而只是一名博士候选人。）

现实一样。现实／实在是部分客观、部分带有视角的。它是部分真实、部分带有叙述特征的，以及部分源自政治运转的效应。现实／实在的领域处在完全模糊的状态当中，它具有和无国籍的人类似的命运："我们展开的微小的网络遭到了撕裂，就像库尔德人被伊朗人、伊拉克人和土耳其人撕裂一样，一旦夜幕降临，他们就会穿越边界去结婚，他们梦想一个共同的家园，能够从三个国家的领土中割出，而现在则被三个国家所分裂。"[25]

现代的批判立场，他相信，在对自然和文化的人为划分中得以繁荣，其目的往往是将其中一个划归为另一个：

> 因为［他们相信］对人类和非人类的完全区分，因为［他们］同时取消了这种区分……现代人［是］不可战胜的。如果你通过把自然说成是一个人为建构的世界来批评他们，他们则会向你展示自然是超越的，科学仅仅是使我们能够到达自然的中介，而他们的手不曾沾染到自然。如果你告诉他们我们是自由的，我们的命运掌握在我们自己手中，他们则会告诉你社会是超越的，它的法规无限制地超出我们（的掌控）。如果你反对说他们是骗人的，他们则会向你展示他们从来没有弄混自然的法则和人类不受规定的自由。如果你相信他们并且把你的注意力移向别的地

---

25 Bruno Latour, *We Have Never Been Modern*, pp. 6-7. Transl. by Catherine Porter. (Cambridge, MA: Harvard University Press, 1993.)

方，他们则会借这个机会把数以千计的自然物转移到社会的范畴当中，同时为这一范畴加上自然物的稳定性。所有东西都在中间发生，所有东西都以中介、翻译和网络的方式发生，但是［对现代人而言］这个领域并不存在，它没有一个场所。[26]

然而，现代性这种所谓的纯化从未真正发生过。尽管现代性具有批判企图，但它却在以一个比从前更庞大的规模，继续生产着杂交物和网络，将雨林与航空公司和议会制立法制度混在一起，这和一个南太平洋部落的想法相同，这种想法看上去非常愚蠢地把祖先崇拜当成了海啸的原因。因此便有了书名：《我们从未现代过》。一直以来，实际上只存在网络、杂交物和怪兽。从没有过任何与所谓的部落式幼稚之间的绝对的割裂，这种所谓的幼稚正是把自然物当作人类事务的信号与预兆，同时也把人类的歌谣和魔法咒语当作潜在的自然力量。拉图尔所批评的就是那种认为现代性在任何领域都已经与从前的所有东西割裂了的观念，在他看来，真正发生的不过是行动者在网络中的重新调配，而这些网络在没人能够记得的（immemorial）[27]

26　Bruno Latour, *We Have Never Been Modern*, p. 37. Transl. by Catherine Porter. (Cambridge, MA: Harvard University Press, 1993.)

27　这里作者使用 immemorial 并不仅仅指人类有记忆之前，更可以指在任何具有记忆性质的事物存在之前。——译者注时代就已经存在了。

　　我们能够找到的，始终且在任何地方都只是行动者的网络。行动者并不完全是一个客体，也不完全是一个主体；毋宁说，它表现得跟两个都像，完全取决于我们怎么看待它。沿着塞尔的思路，拉图尔用"准客体"（quasiobject）[28] 来指称存在物那岌岌可危的地位。一方面，和它们混在一起的其他物给了它们一个语境（contextualized）；另一方面，它们退回到自己昏暗的内在本质当中，并且从未在任何时刻，被它们身在其中的网络彻底地衡量出来。鹦鹉和冰架并非完全是自然的，因为它们都被吸收到多种多样的旅游业、自然主题的电影和生态资源消耗的网络当中，并被后者所改变。它们不仅因为这些因素向我们呈现出不同的样子，而且它们的实在现实也被改变了：鹦鹉因为从加勒比海岛的村庄偷吃猫粮而变胖，或者因为推土机和酸雨直接灭绝了。同样，因特网并不仅仅是被建构的东西。毕竟，潜在的人类革新者并不能简单地将某个任意的更新强加在先前的东西上，而是必须要考虑它的实在性（reality）或阻力（resistance）。因特网经常会像一场突如其来的冰雹一样，在我们毫无预料的情况下"崩溃"，这跟它实际上是由塑料和硅构成的无关。一旦它被制造出来，因特网就存在了：就像雪花、

28　Bruno Latour, *We Have Never Been Modern*, p. 51. Transl. by Catherine Porter. (Cambridge, MA: Harvard University Press, 1993.)

丛林那样。这些物并不是单纯意义的简单实在物，而是准客体。

这里我们能窥见拉图尔暗含的本体论观点：所有存在物都同时既存在于一个文化的 / 功能性的，或者是具有特定视角的意义系统当中，又具有能制约人类生命的、不可否认的实在性。在一篇不为人所知却格外引人瞩目的关于怀特海的论文里[29]，拉图尔否认了所有关于本质的理论，转而支持怀特海在《过程与实在》中提出的强调整体性的网络本体论。但只要他不得不承认每一个行动者都有一部分面相是由自己的原因造成的（causa sui）并且因此必然从网络中隐退，他就迈向了对极端整体论的批判，这种批判超越了怀特海的方法论以及后者过于急躁的对传统实体（substance）的攻击。在一定限度中，如果一个足以自洽的网络理论能够出现，那么广受指责的"本质论"就必须被重新提起。我在别的地方已经论述过，这是海德格尔著名的工具分析暗中达成的成就，而《我们从未现代过》以某种更加明确的方式完成了这个工作。

拉图尔在向着他所渴望的一个属于网络和行动者的哲学时代推进时，并不显得多么局促或急躁。他似乎处在一个很轻松的状态，这很大程度上是因为，这个混合的世界之所以出现，最初并不是他自己的功劳。为了让他们的梦想实现，他和他的

---

29 Bruno Latour, "Les objets ont-ils une histoire? Rencontre de Pasteur et de Whitehead dans un bain d'acide lacticque." In Isabelle Stengers (ed.), L'effet Whithead. (Paris: Flammarion, 1994.)

朋友们没必要像狗一样工作，或者开夜车搞研讨小组。相反，他相信历史自己正在逼迫着哲学去承认杂交物、准客体和网络。拉图尔让人耳目一新地做了一个转折，他为这个过程选择的最重要日期并不是1968年，而是1989年。伟大意识形态的死期，两极超级大国之间的冲突突然崩溃变成了地区性恩怨，以及在东欧和阿拉斯加的瓦尔迪兹（Valdez）的生态废墟中无可否认的重现的客观物理现实，这些都能证明1989年是一个转折点。众多"赛博格"（cyborg）技术只会加速杂交物的播散。最终，所有东西都会到达这样一个状态，即如果我们无法忽略夸克是被建构出来的，那么我们同样无法忽略地铁隧道和巨型电网具有自然性（对后者的认识经常被忽略）。正如拉图尔如此说道：

> 当只有几个真空泵会带来问题的时候，我们可以将它们归到两种类别当中，要么是自然法则，要么是政治表征，但当我们被冰冻胚胎、专业系统、电子机器、带有感应器的机器人、杂交玉米、数据库、精神类药物、装备了声纳雷达装置的鲸、基因合成物、观看者分析工具等入侵时，当我们每天的报纸一页页地展示这些怪物的时候，当我们不能断定这些怪异的东西应该属于客体一侧还是主体一侧，或者甚至不能判定是介于两者之间的时候，我们得做些什么……。我们应该如何归类臭氧空洞的故事，或全球变暖，或森林砍伐？我们应该把这些杂交物放到何处？它们是人工的吗？因为它们是我们的杰作所以是人工的。它

们是自然的吗？因为它们不是我们的作品所以是自然的。它们是地方性的还是全球性的？都是。[30]

我想要再引用一段更加拉图尔式的对纯化者的批评，因为这段话非常清晰，而且也能让我们很好地领教一下他时常充满讥讽的睿智：

> 社会科学家在很长一段时间里都曾诋毁过普通人的信仰体系。他们管这些信仰体系叫"自然化"。普通人认为物质的力量、金钱的客观性、时尚的吸引力、艺术的美都来自内在于它们本质当中的某些客观属性。幸运的是，社会科学家知道得更多一些，他们告诉我们其实应该是相反的，是从社会到达物。上帝、金钱、时尚和美仅仅提供了我们投射社会需求和利益的表面……。要成为一个社会科学家需要认识到，物的内在属性不算数，它们只是人类范畴的容器。[31]

但是，相反的诋毁也是一样的轻而易举：

30　Bruno Latour, *We Have Never Been Modern*, pp. 49-50. Transl. by Catherine Porter. (Cambridge, MA: Harvard University Press, 1993.)

31　Bruno Latour, *We Have Never Been Modern*, pp. 51-52. Transl. by Catherine Porter. (Cambridge, MA: Harvard University Press, 1993.)

普通人、单纯的社会行动者、普通市民相信，他们是自由的，并且他们能够随意改变自己的欲望、自己的动机和自己的理性策略……。但是有幸的是，社会科学家是坚定的卫士，他们诋毁、揭穿并且嘲笑这种对人类主体和社会的幼稚信仰。这次它们使用……无可争辩的科学结论来表明 [这些信仰] 如何决定、启发并塑形了可怜人类的柔弱的、易变的意志……。所有科学（自然科学或社会科学）现在被动员起来将人类变成受客观力量操纵的众多傀儡木偶——恰好只有自然科学家和社会科学家知道这些。[32]

拉图尔相信，现代人以这种方式看到的始终是重影 (seeing double)。他们惯用的方法就是将世界分为"软的"和"硬的"成分，"'软的'列表……集合了所有那些社会科学家恰好鄙视的东西——宗教、消费、流行文化和政治，而'硬的'列表则包括了所有那些当时幼稚的信为科学的东西——经济学、遗传学、生物学、语言学或者脑科学。"[33] 我们慢慢地习惯了这种双重结构，并且毫无内疚地在两者之间来回转换，甚至于到了一种任意的程度。但这两个领域绝不会跨越界限进入对方那里。

32　Bruno Latour, *We Have Never Been Modern*, pp. 52-53. Transl. by Catherine Porter. (Cambridge, MA: Harvard University Press, 1993.)

33　Bruno Latour, *We Have Never Been Modern*, pp. 53-54. Transl. by Catherine Porter. (Cambridge, MA: Harvard University Press, 1993.)

拉图尔赞扬了爱丁堡学派的科学研究（始于 1970 年代巴恩斯 [Barry Barnes]、夏平 [Steven Shapin] 和布鲁尔 [David Bloor] 的作品），因为他们开启了这种跨越：

> 他们用原本只属于自然的"软的"部分的内容来批判性地揭穿了"硬的"部分，即科学本身！简单地说就是，他们想要对科学做曾经涂尔干（Durkheim）对宗教、布迪厄对时尚和品味做过的事情；[但是]他们天真地以为社会科学不会因此而改变，不会因此像对待宗教和艺术那样吞下科学……。[就这样，]爱丁堡大胆的人们剥夺了二元论者——像他们很快就意识到的那样，确实也包括他们自己——一半的资源。社会[现在]不得不任意地构建所有东西，包括宇宙的秩序、生物学、化学，以及物理定律！这种说法不合情理，尤其在自然"硬的"那部分面前显得如此突出，以至于我们突然意识到对"软的"部分，这也是一样的不合情理。物并不是没有形态的、社会范畴的容器——既不是"硬的"部分也不是"软的"部分……社会既不是强大的，也不是柔弱的；物既不是柔弱的，也不是强大的。我们需要彻底地反思物和社会的这种双重位置。[34]

拉图尔具体的案例分析比任何其他论述都更有效地实现了

34　Bruno Latour, *We Have Never Been Modern*, pp. 54-55. Transl. by Catherine Porter. (Cambridge, MA: Harvard University Press, 1993.)

这种反思。鉴于他对实证研究的巨大敬意，如果不跟着他著作中一系列的具体问题思考，我们很难完全地把握他的方法。但是在今天有限的时间里，我更希望能够集中在拉图尔对物的本体论的潜在贡献，这种贡献也是（正如他的著作所暗示的那样）在公正对待所有充斥着我们周遭的杂交物的前提下，改变现今哲学的最佳策略。最好的完成这个任务的方法，就是简单总结一下他是怎么反驳几个与之对立的当代理论的，然后我们设想一下在拉图尔的引领下，未来哲学可能的样子。

当波义耳（Boyle）和霍布斯（Hobbes）就我们究竟应该用自然的还是习惯的视角来理解气泵原理争论的时候，著名的对主体和客体的现代区分正逐渐地出现。对康德而言，这种区分的更彻底的形式，变成了他所在时代里所有纯化理论的来源。毫无愧疚地批判康德"哥白尼革命"的想法的同时，拉图尔丢出了另一个招牌式的手雷：

> 这种康德式的理解今天依然可见，只要我们认为人的意识具有赋予无形但是实在的物质以任意的形式的能力。诚然，被物簇拥的太阳王将被推翻，让位于其他的觊觎者——社会、知识型（epistemes）、意识结构、文化范畴、主体间性、语言，但是这些宫廷政变都不会改变关键，也就是我叫作"主体/社会"的东西。[35]

35　Bruno Latour, *We Have Never Been Modern*, pp. 56-57. Transl. by Catherine Porter. (Cambridge, MA: Harvard University Press, 1993.)

　　鄙夷任何在人类所及范围之外的东西，很快就变成了哲学诡辩的一种特征。最终，只有反动的唯物主义者愿意捍卫分散的物自体的观念。一位真正的思考者则必须要被限制在人类的领域当中，将所有实在现实看成相互编织的一个整体。海德格尔是如此，后现代主义是如此，甚至柏格森的很多主张也是如此。如今，这种观念在大多数奎因（Quine）之后的分析哲学家当中也深入人心。

　　但是我想说这正是当代哲学的两大教条：（a）反实在论，（b）整体论。它们很可能表现了20世纪哲学的两大特征，二者都依赖于占统治地位的关于现实的语言学模型。但它们是否还有足够营养，能让我们继续用上一百年呢？就我的观察来看，拉图尔所暗含的答案是"不能"。首先，我们必须重新理解实在的物，这点怀特海已经意识到了，并毫不难为情地返回到前康德的形而上学。像我前面所说的，我跟语言或意识或言语行为条件的关系，并不比我跟一堆石头的关系更加亲密。在两种情况中，都有很多东西隐退到我的理解范围之外；在两种情况中，都存在着不少真正在阻止我操控世界的力量。比起一只未切开的西瓜的瓤心，我恰好更清楚自己私下的想法，这个实证事实并不能得出思考或语言在本体论上的优先地位。是时候停止所有这些关于指称物不可到达特性的时髦争论了，我们应该加入拉图尔，去支持一个认为命题和精神状况与油田和海豚交互影响的理论。很显然，关于这个主题我们还能再说一些，我承诺在下个月的"世纪末"会议上会谈到更多。[36]

就整体论而言，只要主导的教条是实证主义的(positivism)、陈腐的实体哲学的或者教条式实在论的，那么都会是有价值的探索。但是整体先于部分的观念也以其自身的方式变成了一个教条，尤其是在有语言中心的现实模型支持的情况下，这种教条在20世纪下半叶既统治了分析哲学的思考，又统治了欧陆哲学的思考。整体论曾经让人感到解放，而现在已不再如此。确实，物通过互相反馈、互相撞击、互相被吸引去结对、狂欢、进入网络或其他联结方式来决定着彼此。但同样正确的是，它们并未因此而从系统性的整体中蒸发消失。一张桌子上的钉子和插销确实帮助构成了这张作为统一整体的桌子，但它们并非因此就不再是钉子和插销了。相反，它们在桌子中持续的存在，每时每刻都在经历着调整，很可能会因为工匠或破坏者的行为，或者是其内部结构的缺陷突然破损。整体论的洞见不应该被用来诋毁在宇宙中自由驰骋的存在物真实的独立性，不能像海德格尔那样化解成一个单一世界的体系，而是要在一个巨大的杂交关系当中安顿下来，即便同时要维持着他们的完整性，就像一个赛博格身体中的有机眼球和金属拳头会维持着它们自己的独立性。像《阿拉米》告诉我们的那样，事物中的网络不会破

36　这里指即将于1999年5月举行的德保罗大学年度研究生哲学会议，主题是"世纪末的哲学"，我在会上讲了乔尔丹诺·布鲁诺。

坏将它们界定成一个个整体和准 - 不可侵犯区域的火墙。

可能最好的将这个观点传达出去，并且能够在今天下午晚些时候引发更多讨论的方法，就是再引用一些拉图尔那里最有意思的论述。运气好的话，这些论述会进一步澄清他的世界模型何以不同于一些同时代的哲学家。我们从哈贝马斯开始，他想要取消任何关于语言指涉一个指称物的观念，转而代之以一种理想的、相互间达成共识的言语社群。拉图尔这么评论道：

> 如果说有人曾经选择了错误的敌人，那一定就是这种错置的、20 世纪的康德主义，它试图拓宽被主体所到达的客体和交际理性之间的鸿沟……。旧的意识至少还会指向客体，并因此让我们回想起对这两极做出人为区分的渊源。但是哈贝马斯希望让他们互不相容，在这个特殊的时刻，准 - 客体在不断增加以至于我们既不大可能找到一个自由的说话主体，又不大可能找到一个异化的自然物。康德在工业革命发生的年代都已经不能完成这个任务了；哈贝马斯是如何能够在第六次甚至第七次工业革命之后还能做到的呢？……现在来完成哥白尼革命，并让物绕着主体间性转有点为时过晚了。哈贝马斯和他的徒弟们不去考虑任何的实证研究，却依然守着这个现代性的研究课题——在他洋洋洒洒五百多页的大作里竟没有一个案例研究。[37]

37　Bruno Latour, *We Have Never Been Modern,* p. 60. Transl. by Catherine Porter. (Cambridge, MA: Harvard University Press, 1993.)

"尽管如此，"拉图尔说，"[哈贝马斯]依然是诚恳且值得尊敬的。即便是在[他]对现代性研究课题的讽刺里，我们仍然可以辨识出19世纪启蒙运动的光彩，尽管有些褪色……"[38] 在拉图尔眼中更糟糕的例子当属诸如鲍德里亚和利奥塔这些学者，他这样斥责道："我没法找到足够狠毒的词语来描述这场思想运动——或者毋宁说，这种思想的静止不动，在这种思想里，人类和非人类被抛弃了。我把这叫作'高度不相容性'（hyper-incommensurability）……'你不要再指望从我们这里得到更多了'，鲍德里亚和利奥塔兴奋地说。确实，没法得到更多。但他们既想终结历史，又想不显得幼稚。他们陷入所有先锋主义者深陷的坑里，背后已然没有任何追兵。"[39]

关于更具符号学特点的后现代版本，拉图尔再一次指责他们在主体、客体和话语间做出了人为的界定：

> 如果[所有这三个领域]都是不同的，如果三者也不同于杂交式的作品，他们所给出的现代世界的图景着实让人感到恐惧：绝对时髦阔气的自然和技术；由虚假意识、拟像和幻觉构成的社会；由与事物脱节的意义效应造就的话语；以及整个表象世界使得其他断裂的网络元素能够

38　Bruno Latour, *We Have Never Been Modern,* p. 61. Transl. by Catherine Porter. (Cambridge, MA: Harvard University Press, 1993.)

39　Bruno Latour, *We Have Never Been Modern,* p. 61. Transl. by Catherine Porter. (Cambridge, MA: Harvard University Press, 1993.)

被随意地、在任何时间地点组合起来。这确实足以让一个人考虑从悬崖跳下。这里我们看到的是后现代主义者们那轻飘飘的绝望的根源，这种绝望接替了他们前辈对荒谬的焦虑。然而，如果后现代者们不相信他们已经忘却了存在（Being），他们是不可能做到这种程度的嘲讽和渎职的。[40]

确实，拉图尔书中最启发人的无外乎他对海德格尔的猛烈攻击，后者被认为是犯下这一现代性之罪的最糟糕的罪犯，通过分离存在与存在物，他试图净化杂交物。拉图尔认为，一开始，我们会以为海德格尔在提出他的"本体论差异"时确实在某条正道上，因为这种思路为其提供了一个远离一切观念论和语言转向的安全地带。我们似乎在这里看到了一个伟大的哲学家试图以其应得的方式在处理杂交的中间状态（Zwischen；between）（就像我已经在我最近刚刚答辩过的博士论文《工具存在》中所说的那样）。"准-客体并不属于自然或社会或主体，它们也不属于语言。通过解构形而上学 [即，现代性非法的纯化过程]，马丁·海德格尔指定了一个远离主体和客体的、万事万物连在一起的中心点。"[41]

40　Bruno Latour, *We Have Never Been Modern*, pp. 64-65. Transl. by Catherine Porter. (Cambridge, MA: Harvard University Press, 1993.)

41　Bruno Latour, *We Have Never Been Modern*, p. 65. Transl. by Catherine Porter. (Cambridge, MA: Harvard University Press, 1993.)

到这里为止都很好。从海德格尔试图声称存在本身不存在于普通存在物当中的纯化运动开始，问题出现了。这里，读者应该已经能够感觉到最后一轮拉图尔式的、对 20 世纪哲学的炮轰即将到来。拉图尔巧妙地用海德格尔自己的一个寓言故事来反驳他，村民们惊讶地发现赫拉克利特正在用烘焙师傅的炉子烤暖自己的身体。为了回应他们的惊讶，赫拉克利特道出了著名的回复："神们也会出现在这里。"这也是拉图尔认真较起劲来的地方：

> 但是海德格尔和这些天真的村民一样被欺骗了，因为他和他的追随者们并不期待找到存在，除非是在黑森林的林中小路上。存在不存在于普通存在物中。任何地方都是沙漠。神不可能居于技术当中——那种纯粹的对存在的集置（Enframing）[42]、不可避免的命运、极度的危险。我们也没法在科学中找到它们，因为科学除了技术没有其他的本质。[诸神]在政治学、社会学、心理学、人类学、历史学中均不在场——这里说的是存在的历史，以千年来计数。这些神不能居于经济学当中——纯粹的计算永远都陷

---

42 这里的 Enframing 来源于海德格尔在《技术的追问》一文中（最初是在一个讲座当中）提出的 Ge-stell 概念，海德格尔用这个概念来解释技术，他认为技术的本质是人对自然进行的一种订置、置造、摆置的姿态。同时集置意味着技术的两面性，既能摧毁，又能救赎。此处译文参见马丁·海德格尔，《演讲与论文集》，孙周兴译，北京：生活·读书·新知三联书店，2005 年。——译者注

入存在物和焦虑的泥潭里。它们也不在哲学或本体论里。因此，海德格尔对待现代世界的方式就和村民们对待赫拉克利特一样：充满鄙夷。[43]

然后，有那么一段话，我真希望是我自己写的：

然而——"这里神又是在场的"：在莱茵河上的一座水力发电站里、在亚原子粒子里、在阿迪达斯球鞋里、在被手抠干净了的木头塞子里，在农业企业（agribusiness）里，以及在荷尔德林（Hölderlin）让人心碎的诗行里。[44]

现在，我想要给这个关于布鲁诺·拉图尔著作的简短概述收个尾，这本书很可能是当代法国哲学中最新颖的声音。正如我今天想要同你们分享的，即便是在最简短的关于这个著作的介绍中，我们也能发现其否定性和肯定性的价值。否定性的方面，他拒绝了我们熟悉的对主体和客体、自然和文化、存在和存在者的严格区分。这种现代性的纯化运动破坏了准 - 客体的性质，它们被这种粗暴的对待方式破坏了。所有的语言学转向、

---

43   Bruno Latour, *We Have Never Been Modern*, pp. 65-66. Transl. by Catherine Porter. (Cambridge, MA: Harvard University Press, 1993.)

44   Bruno Latour, *We Have Never Been Modern*, p. 66. Transl. by Catherine Porter. (Cambridge, MA: Harvard University Press, 1993.)

所有人类中心的哲学思考都必须被抛弃，但这并不意味着我们会回到一种像索卡尔及其同僚们拥护的幼稚的实在论。世界是一个行动者的网络，没必要把这些行动者用自然产物和社会产物的方式隔离开：实在物，拉图尔说，简单说就是任何一个能够抵抗（resist）多种力的考验的东西。

肯定性的方面，拉图尔绘制了一个所有物都能联结或脱离并同时能够在一定程度上保持真正的独立性的世界。民族、河流、军队、科学发现、天才和铁矿石之间的交互影响也得用我们分析天然气管道或下水管道的方式研究。新派思想家提倡大家成为半哲学家、半工程师，因为行动者难以捕捉的联合需要被细心地拆解才能看到：哲学作为一种反向工程（reverse engineering）。与回到一门试图超越存在物之污染的形而上学（metaphysics）[45] 相反，哲学应该变成一门"形而下学"（infra-physics）。[46]

如此，超越了能指和图像的游戏，一种不可否认的实在性就重新呈现了出来。并且，依然新潮地把系统看作高于离散部分的思路逐渐退场：在拉图尔的网络中，行动者维持了独立的

---

45 注意在这句话里，作者提出与 metaphysics 相反，哲学应该追求 infra-physics，这一自创的术语旨在通过构词来对立形而上学中的 meta- 和其自创术语中的 infra-，两个词缀分别意为"在……之上"和"在……之下"，鉴于形而上学被亚里士多德赐名为"在物理学之上（或之后）"，此处作者（跟随拉图尔）调侃哲学恰恰应该"在物理学之下"。——译者注

46 Bruno Latour, *We Have Never Been Modern*, p. 128. Transl. by Catherine Porter. (Cambridge, MA: Harvard University Press, 1993.)

属性，这些属性使它们能够抵抗，甚至颠覆整个系统。因此，他提出了一个替代反实在论和整体论的方法，这足以确立他是当今依然在写作的哲学家中最具创新性的一位。最重要的是，他准许让具体的物重返哲学，在此之前，这些物被那些因为过于聪明而拒绝谈论纸、驴和大理石的人流放许久，只有这样他们才能去谈论超然的、异化的，使所有这些物成为可能的认知 - 语言结构（cogito-linguistic structures）。

诚然，这并不全是那些聪明人的错，因为关于物的理论依然处在非常初级的阶段。这些人真正的过错，是他们傲慢地以为物永远都会保持如此。正如我在别处提到过的，如今我们在哲学讲座里，可以不再只是从文学修辞的意义上谈论詹姆斯·乔伊斯（James Joyce）或斯特凡·马拉美（Stéphane Mallarmé）著作中的木头，而是真心实意地去讲木头本身：一门关于枫树、橡树和雪松的系统本体论。让我们设想一下，在 2020 年的一个会议上，这次会议可能也会在这栋房子里召开，我们能够公开地就诸如帆船、葡萄、蜡和铂这类物的实在性进行争论。在这里，神也会存在。

6. 以物为导向的哲学（1999）

这个讲座是在英格兰的布鲁内尔大学（Brunel University）的一个会议上做的，这个学校位于离伦敦希思罗机场不远的阿克斯布里奇（Uxbridge），讲座时间（1999年9月11日）恰好是不久之后就将变得极为不祥的日期。布鲁诺·拉图尔也在场，讲座前一天我才第一次和他说了话。讲座的题目是"以物为导向的哲学"，也是这个名字第一次出现在我的著作当中。

当20世纪哲学进入最后几个月的时候，对过去100年的回顾性概论比预期的要少。究竟是因为大家都迷失了方向，还是想要避免过于夸大，每个人都有自己的答案。但至少，有一个历史上的哲学模型被经常提及，即认为我们这个世纪最伟大的哲学成就是"语言学转向"。"语言哲学"被抬到了一个可以替代过时的"意识哲学"的地位。我们不再认为有一个超然的人类主体，能仅仅观察着世界而同时又能保证自己的手指不沾染任何的东西，现在我们知道这个人类主体并没有那么独立，也不能完全从语言表意和历史投射的网络中逃离。

这种模型的一个惯常卖点就在于它既肯定分析哲学，又赞赏欧陆哲学的贡献。一边因为弗雷格（Frege）、戴维森（Davidson）对语言学转向的贡献而颇为骄傲，另一边也相似地因为索绪尔（Saussure）和德里达而倍感荣幸。这种模型认为，两个教派比我们想象的要更靠近融合。回头看，这个世纪[1]最伟大的哲学任务应该会是用一种阐释学（hermeneutic）的模型来替代关于知识的理论（theoretical）模型。所有那些对绝对知识的幼稚追求都将会结束，与此同时，所有那些认为我们能够中立观察到一个自在世界（world-in-itself）的天真信念也到了头。阐释取代了视觉。

然而，20世纪哲学的这种版本有一个明显的缺陷。表面上革命性的、从意识向语言的转折仍然将人类留在了掌控哲学的绝对中心的位置上。所发生的事情就是，一个更加麻烦、让人心烦的形象取代了现象学清晰明了的自我：一个飘动不定的东西被它的语境所决定，无法完全超越它所处的环境结构。无论哪种情况，无生命的世界被丢到了路边，被当作无非是比灰尘与碎石稍好些的东西而已。哲学渐渐放弃了对同世界本身有关的任何事物的诉求。坚持着主体和客体之间的危险一跃，这种立场没法让我们更了解树与根的区别、韧带与骨头的区别。取消了所有关于物的领域的讨论，它将自己塑造成自我与世界之界线的掌控者，在那里主宰着无尽的矛盾、控诉、反诘、帮派

1　指20世纪。——译者注

团伙、开除教籍以及打着复兴旗号的运动。

但在这无止尽的论述之下，实在的现实正在搅动。即便语言哲学及其声称的反动敌人双双宣告了胜利，世界的舞台上却充满了各种物，它们的力尚未被释放出来，也基本上不被人喜爱。红色的桌球撞上绿色的桌球。雪花在阳光中闪烁，随后又被其消灭，损坏的潜水艇在大洋的海床上生锈。当磨坊造出了面粉，地震压出了石灰，巨型蘑菇在密西根的森林里散布开来。当人类哲学家互相攻击，争论能否"到达"世界时，鲨鱼咬死了金枪鱼，冰山撞上了海岸线。

所有这些物在宇宙中游荡，给它们遭遇的事物带来祝福或是惩罚，或是消失得无影无踪，或是将自己的能量衍伸到更远的地方，就像有 100 万只动物从某个西藏的宇宙体系中逃了出来。不去用哲学物的名字指称它们，把自己限制在一个"更笼统的"关于哲学指称它们之条件的条件的条件的讨论当中，这样的哲学能够让人满意吗？哲学还要继续把猴子、龙卷风、钻石和石油统统纳入"处在外部的东西"这样单独的一个名字下面？或者，有没有可能存在一门以物为导向的哲学，一种能够描述一个物变成另一个物的炼金术，以便能够勾勒出它们引诱或摧毁人类与非人类的方式？这个讲座采纳的正是这最后一种思路。

最好的情况是，我们没必要从头开始。和 20 世纪哲学之精髓在于语言学转向这个被广泛接受的观点相反，我认为在过去的 100 年里，有一种更重要但被埋没的潮流，即我们追求一个关于物的普遍理论时迈出的第一步，那停住的一步，直到最近还保持了一种原始的、前苏格拉底的形态。鉴于在世的相关作者能够为他们自己发声，我将只会讨论一对已故的思想家。在我看来，这个即将过去的世纪里最重要的两位系统哲学家是马丁·海德格尔和阿尔弗雷德·诺斯·怀特海：其中一位被严重地误读，而另一位则被严重地低估。尽管他们共享了一个严重的错误，但两者的著作都开始表现出一种关心具体物之命运的知识渴求。我今天的目标就是要展现，为什么会这样，并简要勾勒出一些问题，这些问题或旧或新，但都是从物自身当中被发掘出来的。

我们从海德格尔开始，他也是两位中相对更著名的。我的观点就是，整个海德格尔哲学的关键是《存在与时间》中著名的工具分析。尽管这已经被说过很多次了，评论家往往都不可避免地把海德格尔的工具误读成和实用主义相关，或是被看作他晚期关于技术的思考的早期版本。我自己的观点，虽然有点离经叛道，认为工具分析勾勒出的正是一门普遍的以物为导向的哲学，无论如何是无法去除形而上学元素的。我还认为，工具分析依然代表了近期哲学中的最高水准。它没有被压抑，但也没有被恰当地运用。

我们可以很简单地总结一下工具分析。海德格尔发现，最初的物的实在现实并不仅仅是木块或金属块或原子的存在。原始人使用的剑中的木头跟现代磨坊中的木头所处的现实位置截然不同，对世界释放出的力也完全不一样。一座桥不仅仅是插销和支架的集合，而是需要被考虑为一种地理的力：一种统一的桥的效应。但即使是这个统一的桥的装置，也绝不仅仅是一个绝对的、显而易见的个体。根据过桥的是要去赶赴约会的我，还是一个要前往刑场的囚犯，桥的现实也很不相同。在一种情形中，它是欢乐的用具；而在另一种情形中，它则是通往地狱和痛苦的途径。

物和它们的目的有着紧密的联系，并且，如果我们更进一步的话，在海德格尔看来，我们是不能在严格意义上谈论"某一个"用具的。并非是一个坚固的、仅仅因为偶然情况进入某个关系中，一个物自身的实在性是由变动不居的指称与指派所决定的。火星上最微小的一粒灰尘也会改变物体系的实在现实，无论这种改变多么微不足道。用海德格尔自己的术语来说，物最原始的状态并非是在手的（vorhanden），而是上手的（zuhanden）。

当用具大多是用具时，它们从视野中隐去，而仅仅作为我们默默依赖的东西。当我用自己所有的意识能量来读出纸上的词语时，我默默地依赖于各种被想当然地忽视掉的其他的物：无论是房间里的人造光、可呼吸的空气、建筑的结构骨架、布鲁内尔大学里防止小流氓进入学校的保安，还是我自己的身体器官。所有这些物此时此刻都忠实地运作着，以一种潜在的方式使我无须去麻烦自己，除非我们遭遇突然的灾害袭击，从而导致这些物中的某一个失灵。对海德格尔来说，当用具以某种方式存在欠缺时，物会从它阴暗的地下露出，将其自己暴露在我们的视野当中。如果这座城市突然没电了，如果我开始不能自己地咳嗽，我就会意识到这些先前被理所当然地忽视掉的物。这些物就会涌出，在我所在的环境当中呈现出来。

无论在哪里，世界总是被分割成相反的两极：工具和破损工具，不可见的行为和突显出来的在场状态。用具具有两面性。只有在较少的、物真的"坏掉了"的情况下，才并不如此。对海德格尔而言，在物被知觉到、被理论探索揭露或仅仅是处在某个空间中的具体位置时，都是这样一种转变的情况。在所有这些例子中，他认为，行动中的用具的实在性被遮蔽了，但它从这个无处不在的世界系统中被剥离出来，以其自身所是的样子向我们展现。

但是，"工具"这个词很误导人。它让大多数阐释者以为海德格尔是在说某种特别的物：就像分析仅仅讨论的是锤子、钻子、钥匙和窗户，而不是其他不那么实用的物。但实际上海德格尔所说的用具是普遍的；存在物就是工具存在。把一个物叫作"工具存在"并不是说它被粗暴地征用来达到某种目的，而仅仅是说它从普遍的二重矛盾中被剥离出来，这种矛盾正是介于一个物之实在性的默不作声的运作和其可感表面的璀璨光泽之间。简言之，工具并不是"被使用的"，它是其所是。使桥不仅仅是一堆铁和沥青的，并非是其对人而言的便利性，而是任何一堆东西都会对宇宙造成某种实在的效应，以某种特定方式改变了存在的地貌。但是自然的山路或其他的阻隔，与一条人造隧道一样都是用具。上手性是一个本体论术语。

回退到其隐秘的有效性当中，用具必然在很大程度上不为人知，以同样的方式避开了理论家的锋芒和工程师的敲敲打打。工具存在并不能被人类实践所清晰理解，这种实践总是依赖于工具或是嵌入工具当中。工具分析的关键不在于它用一种以人为中心的分析方式和设想破坏了牛顿式的坚实的物的观念。关键在于它告诉我们，将物描述为坚实的物质和将其描述为可用的功能性都是次要的。比这两者更根本的，是不可琢磨的用具的世界，所有个别的存在物正是从这里涌现出来。这个世界充满了惊喜。

有那么一种关于哲学史是否存在循环的猜测，以至于近期的哲学会成为古代哲学中某一整个系列观念的重演。不管这种猜测是否合理，我们有足够的理由将海德格尔所说的"存在存在，非存在不存在"（being is, and non-being is not）与巴门尼德作比较。正如这位他所崇敬的古希腊思想家一样，海德格尔似乎也在重复这样一种极其简单的二元性，但没能进一步对其进行更具体的发展，即一个物运行中的实在与其被遇到的表面之间的差别。如果有更多时间，在所有具体的物的例子上，海德格尔除了告诉我们那个著名的遮蔽与去蔽间模棱两可的情

况，便不能再告诉我们任何其他内容了。海德格尔就是当代的
巴门尼德。

如果更具体一些的话，我们能够发现他关于时间的理论其
实跟时间完全无关。这个世界不过是他用以命名这个不断重复
的二元性的一个文学性修辞罢了，而这种二元性在他的著作中
随处可见。从他对锤子的"时间性"分析当中我们只能得出锤
子必须被同时看作对一种实在效应（即"过去"）的执行以及
一种离散的、由某种人类投射的具体世界（即"未来"）所造
成的对人而言的意义所决定的实在。这两个时刻模棱两可的共
存给予了我们海德格尔的"当下"。看！这就是你能得到的所有：
所谓的海德格尔的时间理论，即便有一个魔法师永远地冻结了
时间，也照样有效。这个乏味的分析出现在海德格尔声称谈论
技术、人类情绪、艺术作品、动物的有机性，甚至他至今已经
发表的 17000 多页的 56 卷书中的任何一个具体话题的时候。
虽然这还未得到广泛的认可，但这正是很多人在连续几个小时
苦读海德格尔之后都会感觉到的那种令人不快的回味的源头。

让我们回到讨论的主题，在海德格尔的思想里有一种无处
不在的两种存在样式的对立：被认识为"上手物"和"在手物"
的东西。偷懒的话，我们可以用一种传统的方式解读这种对立，
比如前者属于一个"客体"的范畴，而后者属于"主体"。工
具看上去差不多就是无生命因果关系的纯粹的力，"破损"工
具对人类知觉或能力而言能够超越直接可见的环境，跨越甚至

批判性地反思这个环境，将其"看作"是其所是。但是我们必须立即将我们自己从这种框架当中摆脱出来，这需要我们对海德格尔做一些评论，以至于能让他自己要么感到愤怒要么冷酷地拒绝。其中一种评论是：在工具和破损工具之间的二元性实际上无须人类，并且能够很好地解释一个仅仅充斥着无生命物的世界。设想一个人面对着大家都很熟悉的一对桌球。我们已经看到，对海德格尔来说，这些球不能被还原为打球的人与这些球的遭遇。它们隐退到自己最深层的表演背后，只能部分地被客体化或被一个观察者揭示。这都很对。问题在于假定这两个球相撞，但并不将彼此客体化，就像人们面对一个仍然未能被知觉到的深度世界，而这个世界里无生命的物在最轻微的彼此接触中就能穷尽对方的实在。一号桌球可能是闪闪发光的，并且摸起来有点热。二号桌球当然完全不可能感觉到这些。但是这种闪闪发光的特性在某种程度上却以光束的形式划过闪光球的表面并折射到茫茫宇宙之中。而球的热度对一小块碎冰而言是致命的，它能够让后者一经接触就立马融化掉。换言之，即便无生命的物被困在某个类似"阐释循环"的东西当中，没有一个物能够把另一个物的所有内容吸尽，那么，人类知觉和纯粹的物理因果之间有任何的区别吗？当然：但是海德格尔的本体论／存在论并没能揭示这种区别。他不断论述的实在物与其被其他物接触时的状态之间的二元性实际上比他自己所以为的要更有包容性，鉴于他自己认为一切论述起始于人类此在，而这种信念是站不住脚的。

我们已经说够了海德格尔。因为这个讲座的时间快要没了，不能避免地，怀特海只能被简单地触及。但是，算是一种补偿吧，前面对海德格尔的解读是非常怀特海式的。海德格尔确实想要把他的工具分析局限在人类存在及其危机的范围内，我也不得不对海德格尔的意图采用暴力以便能够将其运用到普遍的物上，而怀特海则公开拥抱了无生命的实在现实。作为最近的一位某种宇宙单子论(a monadic theory of the cosmos)的支持者，他从来不会因为用诸如"想法"或"感受"这种词来描述一根棍子或一绺头发的内在状态而心怀顾虑。

不同的是，在怀特海那里我们也能找到海德格尔那样的二元性。只要能够被客体化，那么海德格尔就称这种物为在手物，而怀特海则使用了"永恒客体"（eternal object）这个词，是这个类似概念的一种更加柏拉图化的版本。这两对术语之间存在着很微妙的差别，所以有人可能会反对在它们之间划等号。但鉴于时间有限，我就先这么说了，同时我会引用一些比较边缘的证据来体现这两个很少被一起比较的本体论哲学家之间极强的联系。他们都有一个很显然的倾向，即优先在哲学上考虑物之间的网络，而非关注独立出来的个别物。当海德格尔坚持不存在"某一个"用具这种东西，我们不可避免地会想起怀特海的单一合生（concrescence）原则，根据这个原则，所有实际存在物（actual entities）得以被彻底定义。在两人的论述中，没有任何关于物的内容被保存起来，而不进入到物的所有系统当中。每时每刻，所有物都被穷尽了。

这一原则的结果，或者说它的缘由，是在怀特海与海德格尔那里都存在的一种对持存的经典实体（substances）的近乎偏执的恐惧。肃穆的海德格尔消解了这个持久物质的观念，而更温和的怀特海也同样明显地嘲笑了所有认为存在能够在时空中经历各种磨难的实体的观念。两位思想家都认为，任何最细微的变动或最古怪的人类行为都会给整个宇宙带来惊人的变化；最微不足道的事件会改变包含所有物的整个关系系统。注意怀特海对灵魂永生问题的轻蔑态度，在信教者中是很少见的。因为如果在严格意义上，灵魂都不能从此刻持续到下一刻，那么我们又何必为此担忧呢？尽管他声称保持了一种个体与整体之间的相对平衡，但在他著作中的个体（或个别物）意义非常微弱。物，在整体性合生的某些领域完全变成了一个贬义词。一切不能在此时此地的世界系统中被表达出来的东西都被剥夺了：脱去所有铠甲、所有防火墙、所有隐私。简单地说，这些东西在这个无尽的、相互联结起来的世界里蒸发了。

一个幽灵在这个20世纪的原则周围萦绕不去：经典实体理论的幽灵。对亚里士多德和莱布尼茨而言，至少原则上，我们能够从世界中筛选出实体，并与非实体区分开来。substantia的名号被赠予某些物，而不是其他更多的物。这种论述以最逗人的形式出现在莱布尼兹同阿尔诺（Arnauld）时而尖酸的通信当中。莱布尼兹让我们想象两颗钻石：一颗属于大公，另一颗属于大汗[2]。我们可以把这两颗钻石看成一对，但这种对子顶多就是一个"理性之物"。将两颗钻石靠近彼此并不会把它们变成一个实体，即便是将它们粘在一起也不能。因为，如果两颗粘在一起的钻石就是一个实体的话，莱布尼兹说，那么一群鸟也是一个单一实体，手拉手围成一个圈的男人也是。他显然把这种观察视为归谬法（reductio ad absurdum）证明。但我们只需要就此理解海德格尔和怀特海，一圈手拉手的男人和一颗最坚硬的钻石或最纯洁的灵魂一样都是实在的统一体。对他们而言，时间性的持存从来不是实在性的合理标准。

而恰恰是他们把世界还原为一个瞬息万变的关系系统的共有倾向，才是 20 世纪哲学的常见问题所在。一个简单的思想实验就能够证明他们所持立场暗含的问题。假设一堆钚被丢弃在沙漠中，挤压那些沙子，把阳光反射到遥远的宇宙中去，四周一个活的生命体都没有。这种人造金属算是最宽泛的海德格尔意义上的上手物。这并不是一堆原子恰好之后能够被使用，而首先是一个具体的行动者，它能够在世界中完成某些行为，但不能完成另一些。但因为现在在钚周围的沙子和死掉的野草并不能体现它致命的放射性属性，任何一个活着的生物都已经

2　此处原文为 the Great Mogul，鉴于作者采用了首字母大写的体例，这应该是一个专属名词，历史上用来专指莫卧尔王朝的大帝，而非泛指各种大亨。译者采用"大汗"意在一方面与并列的"大公"区分，另一方面则保持和后者一致的泛指。——译者注

被迅速杀死。简单地说，这里有一个额外的实在性，存在于这个奇怪的人造物质当中，而它无法被其现在所处的融合与连接所穷尽。这种实在性未被表达，并且永远都会保持如此。

对这个困境常见的解决方法就是诉诸于"潜能"（potentiality）来解释放射性在任何动物到来之前的情况。我们会说，钚"实际上（或现实性地）"（actually）并非那么致命，而是在给定一个恰当条件时才具有这样的潜能。这种解释方法的弱点（鉴于这种方法显著的经典谱系，我意识到自己显得如履薄冰）在于潜能的议题让我们偷偷避开了一个难题，即致命属性实际上是什么。以潜在性来谈论某个属性已经是从外部在谈论它了，实在客体化这个物而不是在澄清它本体论的状况。这里"致命"的实际性（actuality）是什么？或者换种说法，"潜在的"致命在这个情况中究竟是什么？原子？或者某种远远更奇怪的东西？

（1）很显然，不能是在当前潜在致命的关系状况中的这种金属，即在与沙子和光及死的野草的关系中。根据定义，这个关系的系统一旦被加上新的元素，就不再是其本身了。用怀特海的话来说，"钚和阳光"与"钚和阳光及正在死去的猫"是不一样的合生。

（2）常识性的信念会认为实际性在这里就是钚原子的物理质量，一种持存的实体，它能够支持许多潜在的关系。但是，如果我们哪怕是对海德格尔和怀特海的突破怀有最些微的同情，这也是站不住脚的。最原初的实在现实不是作为物的钚、作为物的沙子和作为物的猫，而是一个完整的系统，这个系统中所有这些物的实在定义了彼此。

　　这两种立场相互矛盾。钚的实际性既不能在当前世界的整体状态中，也不能在孤立出来的一堆持存的超铀元素（transuranian）实体中被找到。被认作钚的物既不是物质也不是关系，也就是说，在某个还需要被确定的意义上来讲，它同时既是非物质的，又是实体的。

7. 形而上学在欧陆哲学中的复兴（2002）

    2000 年，我离开了德保罗大学，到位于埃及开罗的美国大学工作。这个职位的一个最好特点就是埃及的位置使旅行变得格外容易。2002 年 4 月 30 日，我第二次拜访了美丽的黎巴嫩，并在贝鲁特的美国大学（尽管名字上很接近，但实际上跟开罗的美国大学没有关系）做了下面这个讲座。那时候我对自己在开罗的未来并不确定，我实际上上了贝鲁特一个职位竞争的候选人名单。这个讲座的一个最有趣的地方就是出现了"间接原因"（vicarious cause）这个概念。这也是我第一次对着一个主要由分析哲学家组成的观众群体作讲座，这就解释了为什么我在其中作了关于分析哲学和欧陆哲学区别的讨论。《工具存在》的发表仅仅过去 4 个月，除了一些体育文章和一本从德语翻译成英语的译著以外，在我名下并没有其他的出版物。

    形而上学在欧陆哲学中的复兴并没有真正开始。这篇论文并非一个报告，而在某种意义上是一张愿望清单，在另一种意义上则是一份可行的操作手册。基于这个讲座的目的，"欧陆哲学"这个词被用来指所有在今天以现象学运动为起点的哲学，无论对后者是褒奖还是批判的。我的中心目标会是马丁·海德格尔及其众多法国的追随者们，他们依然统治着欧陆哲学这个领域，而这个领域的主流反对形而上学。一般来说，欧陆哲学家以不被任何一个区别于表象的实在世界的观念所欺骗为荣。他们认为自己已经和传统哲学彻底断裂了，他们认为传统哲学带有强调物质物或独立本质的偏见："本质主义"（essentialism）和"形而上学"是差不多的贬义词。先于所有个别物，存在着一个语境，一场相互保持着差异运动的能指的游戏。哪里都没有本质；实在性是极端依赖于语境的，并且是极端多元的。我在这里说的是后海德格尔学派。对更传统的现象学家而言，物确实还是有本质的，但它总是一个显现（appear）出来的本质，因此谈什么隐藏起来的本质会直接挑战他们的方法论。你可能已经注意到，这种观点并不局限于欧陆哲学。但这种观点在这里是最没有异议的。我想不起来有任何一个欧陆哲学家会花功夫去论证一个独立的超越于表象的实在性，去为一种超越于所有属性组合的实体辩护，去为一个自在的、无须人类扮演重要角色的世界辩护。[1]确实，这些说法正是欧陆哲学家认为他们首先应该去摧毁的某种保守主义立场。在欧陆哲学家当中，"形而上学家"这个名字跟在很多科学家当中一样，

---

1 实际上，2002 年是这种立场被引入欧陆哲学的第一年，一个是我自己的《工具存在》（Tool-Being），另一个是曼努埃尔·德兰达的《强度科学与虚拟哲学》（*Intensive Science and Virtual Philosophy*. [London: Continuum, 2002.]）。

依然是一种粗鲁的侮辱。因此，他们和一些主流的英美语言哲学有很多共同点。

有一样东西他们并不跟英美传统分享，那就是对哲学史的态度。欧陆哲学家最憎恶分析哲学家，甚至在深夜能令他们热血沸腾的，莫过于后者将哲学史仅仅看作"论点"的处理方式。举一个例子：罗素关于莱布尼兹的书被人鄙视，并不是因为罗素的论点是错的，而是因为这种做法是一种把什么都简化成自己论证的思想屠宰行为。对欧陆哲学家最重要的不是莱布尼兹所作的一系列关于实体的论点，而是某种被叫作"莱布尼兹的研究项目"的东西，一种全面的、不可被轻易切分成离散小块的世界观。这一个例子就足够了。这两个流派的不同态度已经很明晰了。分析哲学倾向于把哲学看作严格与敏锐的事务，而欧陆哲学则将其看作天才的事务。分析哲学的成果一般是20页关于一个具体主题的期刊论文；而在欧陆哲学当中，期刊论文无论如何都不算重要，除了一些例外。教授 A 认为教授 C是一个糊涂的浪漫主义者，说不出任何清晰的东西；教授 C 则认为教授 A 是一个无情的技术人员，对思想史的微妙细节毫无察觉。如果我们能控诉分析哲学家将过去的思想家还原成当下狭隘的前沿争论，欧陆哲学家则经常因为自己被他们自己的英雄人物吓住而感到愧疚，甚至完全不敢批评他们，将其大多数的学术探讨缩成一篇类似读书报告的东西。如果分析哲学对论点的开放性导致了有时恶毒的口头争辩，并因此获得了坏名声，那么欧陆哲学对纯粹论点的鄙夷则使它变得局限于小圈子，而对新手显得坚不可破，即便那些新人的确能贡献新鲜的、真诚的见解。

这些介绍性说明的目的是要让我们聚焦于当代欧陆哲学的一些相关的缺陷，无论其他的流派是否也存在这些缺陷。首先，有一种我称为"可达性哲学"（the philosophy of access）的偏见。我们不再讨论实在现实本身，而是必须要首先进行一系列复杂的批判与自我反思的操作，以确保我们仅仅在谈论向我们显现自身的物，而非那些物自身。在欧陆哲学里，这几乎已经是一种默认的教条，没有人会去挑战。

其次，另外有一个相关的，我称为"语境与网络哲学"（the philosophy of contexts and networks）的偏见。独立实体或本质的观念被认为是幼稚的。优先存在的是意义或物在其相互关系当中的整体性；这个网络中任何一个部分都不过是从作为整体的系统中抽象出来的东西。这种想法也同样是欧陆哲学无需多言的一个教条：无需多言的意思就是，从来没有其他可能的替代思路被提出过。

最后，还有一个偏见是哲学史上的人物必须总是被整体性地阅读，而不能被用作某个不相关观念或论点的灵感来源。和这一点相关，有不少令人吃惊的地方。最大的讽刺就是，尽管欧陆哲学家非常敬仰重要的历史人物，但他们从不将这些人当作竞争对手。在欧陆哲学看来，哲学史由一系列激进的认识论断裂构成（可以追溯到柏拉图、康德、海德格尔或德里达）。
当一个海德格尔学派的人在写亚里士多德或黑格尔的时候，往
往是将其用于列数一个命中注定的、黑暗的历史转折，并且这
个转折永恒地奠定了后续的所有发展。而这种书写往往采用了
尽可能清醒的口吻。结果便是，一个欧陆哲学家几乎不可能在
讨论一个研究问题时声称，比方说，胡塞尔弄对了一部分，但
圣托马斯·阿奎那（St. Thomas Aquinas）或伊本·西那（Ibn
Sina）在这个问题的另一个部分更加正确。如果说欧陆哲学的
哲学史意识有一个优势，那就是它能够保存过去的伟大思想家，
抵御那些一时兴起的、无足轻重的潮流，那么它的缺点也一样
明显：欧陆哲学完全没法将过去的哲学家当作同时代的人来对
待。过去的哲学家不会加入我们所共享的世界之中，在这里，
所有的观点都能被衡量，他们只会留在被他们各自历史所决定
的、只指向自身的语境当中。比方说，在不去他的整体著作中
还原语境、不懂拉丁文等的前提下，去跟库萨的尼古拉（Nicholas
of Cusa）争论某个具体的问题是没有意义的。任何一个过去的
哲学都过于自我封闭，以至于不能被当作可能解释世界的模型，
并且它们的内在观点过于连续，所以也不能提取出来用在具体
的论题上。

这篇论文的目的就是要展示欧陆哲学如何能够并且必须抛
弃这些偏见。欧陆哲学家激进的反形而上学立场已经变得陈腐
而不再能够带来新的成果，而他们进入哲学史的方法则取消了

任何对这一历史的挑战。下面，我认为欧陆哲学需要一次以实在论和本质主义为名的、整体的彻底修正，尽管可能并不是在这些词通常的意义上去理解。做得好的话，这次修正不会是来自外部的，而实际上是海德格尔的哲学洞见之核心所要求的，而海德格尔正是欧陆哲学的顶梁柱。在海德格尔所有著名的反对形而上学的论述中，我们发现他实际上是某种游击式形而上学家，无论他自己是否想得正好相反。

在面对海德格尔的时候，关注《存在与时间》中的工具分析是有道理的，这显然是他最受欢迎的论述，可能是他著作中最核心的。分析的基本观点看上去很简单。大多数情况下，人类遇到的并不是作为一块块物理物质的物，也不会将物当作某种理论性探讨的主题。在这种情况之前，我们一直沉浸在一个用具的系统当中，想当然地接受了物，并且完全不大会注意到它们。这时候，我们都会使用这些用具。我们脚下的大地为我们的运动提供了稳定性，尽管我们不大会注意到它。空气的化学构成使我们能够轻松地且无意识地呼吸。我们的肺和肾默默地维持着我们的生命，而几乎从来不会被注意到。像我们所在的这幢大楼[2]需要上千块相互连接的地板、管道以及电线，它们都在默默地起着重要的作用，而同时不被我们注意到。我们明晰的意识中的对象似乎在用具沉重的、通常不可见的层次上

---

2 指讲座所在的大楼。——译者注

形成了一个薄薄的、不稳定的涂层，后者依赖于前者：物的一般存在方式就是"可（依）靠性"（reliability）。注意，尽管海德格尔说的是"工具"，尽管他大多数的例子也都是类似于锤子和铁路站台之类的东西，但工具分析一般来说对所有东西都有效。所有物在我们一般的遭遇中，都是我们世界的一个沉默的组成部分，而不是一个在我们意识中突兀的对象。这在人、数字以及宗教建筑身上，和在锹子和钻子身上都是一样的。海德格尔的工具分析实际上是一个物的普遍理论，尽管他大多数的批评者都错过了这一点。

海德格尔这一分析还因其相反的那部分而著名：关于破损工具的讨论。总的来说，我们倾向于在物出故障的时候才注意到它们。灯泡在烧坏之前一直都被忽略；坏掉的公交车比准时到站的更能引起注意。地震和火灾让我们体会到之前它们带给我们，而现在突然消失的舒适。海德格尔实际上把所有意识到的东西都看作破损用具的变体。公开地注意到什么东西，知觉到它或是想到它，都需要我们将自己从世界中剥离，并且站到世界之上去观看。就像"工具"这个词指的是所有在它们不可见状态下默默起着作用的物，"破损工具"也一样，指的是所有那些显现出来的可见的物。对工具和破损工具的分析没有局限，囊括了所有的存在物，而并非仅仅是狭义的"有用的"东西。世界被分成两部分：工作中(或起着作用)的工具和失修的工具。有点争议的是，我认为如果我们耐心地沿着这一分析的思路，我们就能发现这个分析包含了海德格尔哲学的所有内容，而这个分析实际上比一般认为的要更简单、更清晰。存在的问题，对时间的分析，晚期诸如"本有"（Ereignis）和"四重体"（das Geviert）这样神秘的德语术语，最后都不过是对锤子及其破损状态之分析的复杂变体罢了。因为海德格尔并非这篇论文的主要论题，我们暂且将他放放。

对工具分析的一般解读差不多像下面这样。理论必须基于实践，因为所有可见性都来自某种实践的背景。这个背景由非主题化的社会实践与语言使用构成，因此，社会现实或语言决定了所有理论。工具分析也必须是坚定地反对实在论的，因为它似乎在说物是没有独立的客观现实 / 实在性的，而是仅仅从人类意义的整体系统当中涌现出来的。最后，工具分析代表了整体论（holism）的一种极端形式，因为海德格尔认为整个用具的网络才是实在的，而每一个个别的物不过是从这个整体中抽象出来的东西。"严格地说，"海德格尔说道，"并不存在某一个用具。"在我即将出版的一本书的第一章里，我认为这些假设都是错误的。并且，尽管我认为它们曲解了海德格尔，但更糟糕的是它们把对海德格尔的阐释关到了一条死胡同里。大多数海德格尔的欧陆拥趸因为他似乎将物的独立存在依附于人类使用的整体系统而感到兴奋。确实，他可能的确是这么想的，虽然支持和反对的证据都能找到。但是从某个角度来看这并没有什么关系，因为我对工具分析的兴趣要大于海德格尔本人，而这一分析带我们朝向了一个不同于他自己所期待的方向。

如前所述，工具分析通常被理解为提出了实践先于理论，并先于任何关于物的科学性客观概念。但这显然是错误的。此时此刻，我正依赖于无数的用具，包括地板、阳光和身体器官。除非出现问题，这些东西一般对我不可见。但是我想说的不是我正在"使用"它们：我想说的是，我能使用它们正是因为它们是实在的，因为它们能够对现实造成某些影响。我要说的不是我对太阳的意识必须奠基于我先前对它的实际使用。我要说的是，无论是我跟太阳有意识的还是无意识的关系都奠基于太阳自身这个实在现实。工具并不是"被使用"的，它是其所是。太阳的工具存在并非其有用性，而是它在任何同我们的理论性或实践性的接触之前，就已经在默默地用它自己的实在性施加着影响。

我们可以稍微换一个说法。海德格尔将我们对某物的意识称为一种"被看作-结构"。遭遇一个物也就是以将它"看作"这样或那样的方式遭遇它——看作具有某种特定的外显的属性。当地铁系统出问题，或者当我们决定在一项科研计划中研究它时，我们开始意识到它原先隐藏起来的很多属性。要完全显明地意识到一个物，就是要对其客体化，不是要把握其自身内在的实在性，而是要将其还原为向我们显现时的特别局限的形态。比如，埃及城对所有居住在那里的人都构成了一个无意识的背景。所有我们能够做出的关于这个城市的描述，或者为这个城市所绘制的地图，对海德格尔来说都比无意识当中的这个城市匮乏了些什么。简言之，把某物"看作"这样或那样就是把它多样的实在性还原为一系列有限的属性，这些属性既能体现，也能扭曲我们所谈论的这个东西。在他看来，这就是理论所做的事情。理论从不遇到物，而仅仅遇到"作为"某物的物。大多数欧陆哲学正是陷在了这个层面：晦暗的前理论体验那丰富、隐秘的层次和外显意识那鲜明但贫瘠的层次之间的差别。阐释学想要做的就是去管理并论述这个差别，我们可以不怎么夸张地说，欧陆哲学已经变成了阐释哲学。人类沉浸在一个神秘的、未被言说的有用性世界里，试图通过阐释这些东西来理解这个世界。因而，欧陆哲学始终是人类中心的，正如对海德格尔的一般解读希望维系的那样。

但这正是问题所在。并不仅仅是理论客体化了世界，扭曲了世界，或将具有深不可测的物还原为有限的一些属性。实践也对它们做着同样的事。假设我们都进入同一个挤满人的酒吧，磕磕绊绊穿过散落各处的家具。假设我们在非常兴奋地讨论说我们几乎没有注意到酒吧或里面的这些家具。没有人在理论性地客体化这个房间，所以我们都应该处在平等的关系中，都仅仅是在前理论的实在性层面使用它们。问题在于，这个前理论的房间对我们每个人而言已经是不同的了。一方面，我们每个人的物理构造都不相同，并且在这个房间里需要做出不同于我们同伴的姿态调整：有些人会觉得这里又挤又冷，而有些则可能会觉得很热。我们每一个人都处在不同的情绪中，因此即便我们从未理论性地客体化这个房间，我们所有人都已经默默地将这个房间客体化为"有希望的"或"阴郁的"。这间酒吧对顾客和雇员来说，对女人和男人来说，对喝酒的人和不喝酒的人来说，对那些主导话题和那些害怕参与的人来说，可能感觉都会很不相同。这还是在没有讨论可能经过房间的任何狗、蚂蚁或黄蜂的前提下。对我们所有人而言，这都是同一个房间，然而我们每一个人，早早地在理论性的客体化行为之前，就已经跟它建立了完全不同的关系。

我们不能忘掉讨论的重心。我要说的是，理论与实践之间，或者显眼的物和背景视域之间的差别，都不够极端，不足以客观地描述物的实在性。如果理论对实践行为进行简化、夸张或扭曲，实践行为也是如此。这里，酒吧有一个更深的实在性，不可能被任何的人、狗或蚂蚁所穷尽。即便无意识的实践有时也过于夸大，错失了关键，或者没能把握住其正在处理的对象。不是只有从外部考察事物的理论才将物还原为一系列的外部属性。我们所有的行为都在做这件事：没有任何一个两岁的孩子或甲虫会体验到跟我一模一样的图书馆，但同样的，我也没法好好感受一只拨浪鼓的乐趣，也没法去探索人行道底下的空间。

另外，不是只有人类、狗和昆虫会去客体化实在现实。无生命的物也会。当两块石头在遥远的宇宙中撞击到一起，我们可以设想它们并不"意识到"对方。但是，毫无疑问，它们还是相互客体化了：两颗小行星并不能完全接触到对方所有的属性。如果一颗是绿色而另一颗是红色的，那么这可能跟冲撞没有关系。但是它们跟被这两颗小行星所反射的光波有关。即使在两块纯粹的（无生命）物质之间，客体化也会发生。

每一个居于世界的物在任何时刻都会遭遇到成千上万其他的物，而他们则以各自不同的方式做出回应，没有任何一个能完全探明其深度。同一棵树在无以计数的人从不同视角、以不同心态的观察下，在聚集起来的昆虫的咬噬下，在被吸入其树干的水的浇灌下，变得多样。树不能被还原为任何这些视角。它也同样不能被还原为这些视角的总和。地中海有一些特征是现存鱼类无法了解的，尽管总有可能会出现一个新的物种：有可能在地中海存在着一种其他地方没有的磁场，有可能这一不为人知的信息只对已经灭绝的恐龙有意义。描述一个物的实在性，不能还原到它任何一种关系和属性，我想不出比实体（substance）更好的词了。我们没有必要急于得出一个仓促的关于这个实体可能是什么的结论。我想说的是，海德格尔的工具分析并非为了告诉我们实践先于理论。更让人迷惑的是，它恰恰体现了实在现实先于属性。关键的对立并不是在隐性与显性之间，而是在实体与关系之间。这样，我们就能直面物的实在性，这种实在性独立于任何意图将其客体化的巨型网络。因此，欧陆哲学最核心的信条被抛弃了。我们可以来回顾一下这么做的三个重要后果：

（1）海德格尔主义者认为物对人的有用性先于它们的独立实在性，但实际上显然是相反的。工具分析的关键在于实在性永远比任何客体化行为更加深厚。这就是存在本身以及具体物的存在之议题的关键所在。一个物不能被还原为它对一个人类观察者而言的在手状态，也不能被还原为它在实践活动中展现的样态。一个物的实体，无论那是什么东西，必须先于其功能性形态，因为物永远不能被其所做的事情穷尽，也因为它能够同时具有多种用途。[3]那些海德格尔主义者们嘲笑"朴素（或幼稚）实在论"，却因为更糟的东西而愧疚："朴素（或幼稚）关系主义"。

（2）欧陆哲学家总是更喜欢意义的整体性系统，而个别的物或词无非就是从这些系统中抽象出来的东西罢了。由于一个跟前面相近的理由，我们有必要拒绝欧陆哲学的这种倾向。把一个物首先当作一个网络的部分实际上假设了它能够被还原为一系列它在这个特定网络中所呈现的属性与关系。但是我已经说过，任何物在任何时候都远远不只是它跟其他物的交互关系。物，而非网络，才应该是欧陆哲学的主要研究话题：至于物究竟是什么，目前还是一个谜。

（3）最后，无意识使用和有意识的注意之间的差别不足以成为最根本的东西。并不是只有一个具有特殊地位的介于人

3　阿方索·林吉斯于1991年在对我宾州州立大学硕士论文的一系列很有帮助的评注中第一次向我指出了这一点。他引用了列维纳斯作为这种想法的灵感源泉。

类和世界之间的界线，而哲学也并非必须永远围绕在这个界线周围，实际上我们有上亿条界线：甚至，有无数条。当尘屑撞上一根大理石柱子，这两个物之间的关系同一个学者与纸草书文本之间的关系一样让人困惑。欧陆哲学仍然遭受着超越论哲学的困扰，这种态度使得他们认定物理因果性在哲学上没有意义。这种态度是没有根据的。所有的关系都一样让人困惑，并非只有那些和人相关的。越来越多的欧陆哲学家（足够精准地）提出这一运动的名字应当被改成"阐释哲学"，以便能够反映出大家对这一思维框架的共识，即认为人类内嵌在一个未知而丰富的背景之中。但这仅仅是揭露了欧陆哲学延续许久的人类中心偏见。我们需要的不是更多阐释哲学，而是更多以物为导向的哲学。虽然物是什么依然不甚清楚，但是我们已经明确知道它们远远超出了人类中心的、狭隘的整体论限制，大多数海德格尔主义者正是在用这种方式束缚这些物。

　　凭借这三点，海德格尔的正统解读已经被颠覆。对人类实践和意义网络的关注调转方向，通过工具分析变成了一种对在物自身之中的实在性的反思，虽然这种反思仍然有很多让人困惑的部分：这和任何其他诸如人类、蝴蝶或矿物对其进行的客体化都极为不同。欧陆哲学除非这样去进行改变，否则将会继续陷在阐释学的死胡同里，我认为在这些方面已经很难再有所建树了。需要被研究的是物，而这，才是我们所不知道的。然而，这事情还没有完：我还有一些关于物的更有趣的事情要说。

为了避免和其他关于物的理解混淆起来，我们不妨使用"工具存在"一词来提醒我们自己，我们的概念来自海德格尔著名的工具分析。除了它们不能被还原为任何客体化的东西，无论是被人、动物、植物或石头，我们关于工具存在还知道些什么？

有一样我们显然已经知道的事情，工具存在充满了尚未表达出来的属性。如果一个物一直都具有多于此刻它所处的关系的成分，我们就得追问，这些未被表达出来的属性又是如何能够被存储至今的。在此可能会出现众多争议，但我想把讨论限制在一个否定性的论述上：我们无论如何都应该避免"潜在性"这个概念。说一颗橡子是潜在的橡树，这显然是正确的，但真正的问题是：橡子的哪些实际的方面使它能够潜在地成为一棵橡树？从潜在性谈论一个物实际上是从外部观察它，从一些它可能具有的未来的关系来看，这样就使我们能够躲避这样一个问题，即物在此时此地未被表达出来的属性实际上是什么。有人可以说，未被表达的属性只能是潜在的，此时此地是不具有实际性的，但是我想以我对工具分析的解读反驳这个观点。我坚信，物远远超过其与其他物之间的交互关系，这些问题其实是旧问题，因为它们很大程度上主导了文艺复兴时期的哲学。早在莱布尼茨提出被折叠进单子的尚未被表达出来的属性之前，库萨的尼古拉和乔达诺·布鲁诺（Giordano Bruno）已经以甚至更加有力的修辞提出了一样的观点。

关于实体我想说的第二点就是，很多人认为这种古典观念有不少问题，他们举了亚里士多德和莱布尼兹为例。简单地说：对这些古典哲学家而言，实体永远是实体，而关系永远是关系。世界中任何一个个别的物要么是实体，要么是从关系中生出的聚合体，但永远不会在一个场合是实体而在另一个场合又是关系。我认为这种观点是错误的。你可能会回想起来，亚里士多德和莱布尼兹与约翰·洛克（John Locke）不同，他们认为无法把诸如机器的人造物叫作实体。当然了，因为他们把"自然"当作了标准。因为一台电脑需要被其部件组装而成，亚里士多德会说这是一个任意的编织构造而非一个自然个体，因为不能算作是更多属性的某种基础（substratum）。对莱布尼兹而言，他不愿意给予这些怪诞物的奇怪组合以实体之名的原因更好理解，因为莱布尼兹认为一个实体必须永远不朽，这是一个洛克完全不关心的问题。对莱布尼兹来说，一支军队不可能是一个实体，一群手拉手围成圈的男人也不能，一对钻石不能，荷兰东印度公司也不能。对亚里士多德和莱布尼兹来说，实体的名单是相对稳定不变的；没有人类能够创造实体。但是，没必要用自然或者不朽来定义实体。如果我们沿着工具分析的思路来定义，一个实体就是某物的未知实在性，它不能被任何关于这个物的知觉或与其他物的关系穷尽。因此，我们可以得到一个更有趣的结论：世界上充满了无数的物，它们同时既是实体，又是关系。

　　某种意义上，麦当劳公司是一个巨大的由雇员、基础设施、食品原料和现金流构成的网络，它们都不能被还原为麦当劳公司对其的使用。在另一层意义上，这个公司是一个统一的行动者，有其自身的实在性，也不可被还原为任何顾客对其的体验或媒体对其的抱怨。我们可以朝任意一个方向去思考，在链条中没有任何一环仅仅是实体或仅仅是关系：某种意义上，炸土豆是整数，是可以被轻易操纵的食品的零散单元。但是，在另一种意义上，它们又是不断运动的化学元素组成的巨大网络。链条中没有一个环节是实体，没有任何一个环节能够解释其他的环节。如果真的有一个最小的粒子，它的结构也不能用来解释一个土豆或一个公司的整体实在性，那样等于说是在倒过来解释了。就像链条中没有一环是实体，没有一环能够被叫作"物质"：碳在跟一个土豆的理型（form）比较时，可能算是物质，但它和夸克一比较自己也变成了一种理型。实在性的每个层次似乎都是两面的：每个物既是一个实在物，又是一种将各种物关联起来的编织；每个物既是一个统一了所有其构成成分的理型，又是用以构成其他实体的物质。这么理解的必然结果就是，不存在一个物仅仅是一个意外的发生，或仅仅是一种关系。任何关系都会形成一种新的实在现实，这种实在性体现为一种深不可测的实体，它在无数其他实在性的视角下会各不相同。不存在关系这种物：世界完全是由实体充实着的，它们中有些很奇怪，有些则非常短命。这种观点不同于亚里士多德和莱布尼兹，不认同算是实体（马、树）的这类物进入荣誉名单，而同

时鄙视其他的物 (线圈、电线、职业运动队)。和自然科学不同，这种观点坚持理型的形而上学地位，而不是物理物质的所谓阐释能力。换种方式来说，我认为对初级属性和次级属性的区分是错误的。大块物质和材质的物理属性就比甜味和酸味这样的感觉更加真实？我不这么觉得。

这个问题的第三个方面让我觉得有些不安，但依然具有说服力。我提到一个实体永远不能穷尽另一个，永远不能完全接触到另一个实体。当两块石头撞在一起，究竟是什么东西在相互遭遇呢？我已经说过，石头遇到的是对对方的扭曲，仅此而已，因为深不可测的岩石实在性无法被任何一种关系完全触及。但这也会导致问题，因为这意味着，没有任何的两个实体能够交流互动。必须要有一个第三方来允许这种交流发生。历史上，这种原则被叫作偶然性原因 (occasional cause) (尽管这对伊斯兰哲学和 17 世纪欧洲思想都很重要，但很少被认真对待)。我感觉，如果我对实体的描述是正确的，那么我们就无法避免某种偶然性原因的理论。但是，偶因论 (occasionalism) 跟一个具体的理论有很大关系，这个理论认为是上帝允许了所有实体之间的交流。这一理论在今天甚至没法满足那些宗教倾向的哲学家，因此，我们不如舍弃"偶然性原因"这个词，转而使用"间接原因" (vicarious cause)。本体必然以一种奇怪的方式，间接地而非直接地相互影响。它们是通过另一个实体来完成的呢，还是因为在宇宙中存在一种力，而这种力还没法被我的理论所描述？我依然不知道答案。

还有一个矛盾需要在这里被提及。一个实体或工具存在被认为是能够独立于所有关系而存在的：开罗或贝鲁特不可被还原为任何对它们的认识；太阳不可被还原为它对太阳系里任何一平方英寸的滋润，甚至不能被还原为这些影响的总和。如果我们来考虑一下特别奇异的、任意性的可能实体，比方说连接法国、火星、一些针筒和所有巴西的铅原子的东西，我们就会遇到一个显而易见的问题。似乎没有什么能够阻止我把这个怪兽般巨大的东西叫作"实体 X"，并且声称它确实存在。如果有人反对说，这个实体 X 是假的，因为它从来没有对外在世界造成影响，我就不再能够继续使用这种标准，即使我想要这么去做，因为我已经说过，外在的效果恰恰不是实体的本质，其本质寓于其身，独立于所有的关系。因此，我也不确定我们应该如何建立起一种形而上学防火墙，以防止荒谬实体的出现，同时又不至于诉诸于实在性外部的标准从而自相矛盾。

我们今天就先讲到这里。我的第一个目的是向大家说明，即使海德格尔通常被看作欧陆哲学家中反形而上学态度的顶梁柱，但他的工具分析却为一门新的、怪异的形而上学实在论打开了大门。我的第二个目的是要勾勒出这种实在论的一些反常的、让人困惑的特点，这些特点，尽管跟欧陆哲学的思想传统相去甚远，但仍然可以被看作在这种传统中，对形而上学的一次复兴：这一复兴总有一天会到来，并不会太遥远。

8. 物理自然与属性的矛盾 (2006)

这是 2006 年 4 月 21 日，在冰岛雷克雅未克的北欧现象学学会年会上作的报告。有趣的事情发生了。在去的路上，我正在读甘丹·梅亚苏现在已经很有名的书《有限性之后》(Après la finitude)，那时候这本书才刚刚出版不久。雷·布拉西耶之前一年曾邀请我去位于伦敦的米德塞克斯大学 (Middlesex University) 作讲座，他最近刚刚从巴黎访问回来，在那儿的时候看到这本书在卖，并建议我去读一读，可能我会喜欢。4 月 15 日到 17 日，我当时正在冰岛北部海岸城市阿库雷里 (Akureyri)，我和布拉西耶交换了数封邮件，主要谈了我对梅亚苏这本书的正面印象，在讨论期间，他提出可以举办一个由我们三人以及伊恩·汉密尔顿·格兰特参加的小组活动。我马上发了询问邮件给格兰特和梅亚苏，于是"这个运动"就诞生了，而获得思辨实在论的名字则要等到之后一年。冰岛讲座本身由于一些原因而很有趣，但主要是因为物理因果和胡塞尔意向性对象之间的联系。这个讲座做出的关于实在对象和意向性对象的区分，让当天在座的大多数胡塞尔学者有点摸不着头脑。

今天大多数哲学流派都在庆祝形而上学的死亡这件事上达成了共识。现象学也不例外。在接下来要宣读的这篇简短论文里，我将会试图说明胡塞尔的意向性对象模型深深地陷入了形而上学的话题中，而且无法逃脱。并且，正是胡塞尔意外地给予了我们复兴对物理自然之兴趣的资源，无论是人、动物、天使、植物、塑料或石头。另外，虽然他对形而上学的历史相对缺乏兴趣，并且希望把这块板子擦干净，好重新开启一门崭新的科学性哲学，但胡塞尔的意向性对象重新挖掘出曾经主导阿拉伯和法语世界多时的偶因论形而上学所处理的经典话题。我会从海德格尔开始，经过胡塞尔，然后转向对偶因论的一些简短说明，最后以对物的内在爆发性结构的思考结束。最后结论如下：物理自然必须以考虑属性的矛盾结构的方式进行研究。

8.1 实在对象

根据传统的观点，胡塞尔通过让我们忽略物的自然实在性，圈了一个范围给现象学，从而得以关注它们是如何在意识中被给予的。这样，他使哲学能够和科学与形而上学的幼稚倾向保持距离，同时也建立了一个严格科学得以可能的场域。海德格尔之后的工具分析通过展现对象在被看见之前已经被使用，说明了这种方法的局限。以这样的方式，海德格尔将我们指向一个晦暗的用具背景，这一隐退的背景不进入我们清晰的意识领域。我实际上赞同这种传统观点。但是我认为这个观点必须以三种不同的方式被激进化。这样做的结果就是我们又讽刺性地回到了胡塞尔，他在一些方面能比海德格尔教给我们更多的关于物和物之间关系的认识。

首先，我们必须摒弃一个持久而肤浅的认识，即海德格尔的工具分析将理论置于次于实践的位置。确实，盯着一个锤子看或者提出一个关于它的理论不能把握住我们在使用这个锤子时它真正的实在性。是的，锤子被归到众多服务于各种目的的系统当中，当我们理论化地观察锤子，我们就把它还原成了一种扭曲的形态，将它从其深深介入的世界里剥离。但这只是一半的情况。因为人类实践和理论一样，都将工具变成了扭曲的东西。我对一把螺丝刀或电钻的抓取和操纵同样不能把握住这些物的所有实在性。我对这些东西的运用会被它们内在的实在性惊吓或者阻碍，就像我明确的意识所作的那样。所有人类与对象的关系都把它们从其内在深度中剥离了，仅仅揭示出其部分的属性。海德格尔的评论者很少看到这些，但是柏格森和其他人已经注意到了，他们很早就意识到，使用一个物跟观察一个物一样，都不能与它的实在性深度建立亲密的关系。两种到达物的方法都把它还原成了一系列与其内在活动相去甚远的表面侧显[1]，这些活动永远不能被人类的

1　profile 在胡塞尔语境当中一般用来翻译 Abschattung，意指物理事物在某一个特定角度被给予的方式，即物的某些面相，而不是全貌。此处译文参考胡塞尔，《纯粹现象学通论》，李幼蒸译，北京：商务印书馆，1992 年，翻译为"侧显"。倪梁康倾向于将此术语翻译为"映射"或"射映"（参见倪梁康，《胡塞尔现象学概念通释》，北京：生活·读书·新知三联书店，2007 年，第 2 页。）译者认为此处"侧显"更贴近原文字面义，因而比"映射"更容易在上下文中被理解，故而选择"侧显"。——译者注

方式完全穷尽。这是海德格尔工具分析必须被激进化的第一种方式。

第二步会显得有点奇怪，尽管这是不能避免的。即不仅仅只有人类和物的关系会将它们还原为外部轮廓和内在实在性的侧显。相反，关系性一般都会这样。并不是什么人类心理或人类行为把一个物变成了扭曲的东西。这种还原简化在宇宙中的任意两个物之间都能发生，不管它们是什么。我对火和棉花的知觉不能完全用尽这些存在物所有的实在性，因为它们永远都不可能被完全描述，我永远无法触及它。我已经说明了，我在实践中使用这些物也是一样的道理。但是，火和棉花遭遇时相互之间也没法完全接触，它们结合在一起构成一个破坏性关系的时候，并不会注意到人类或动物能够察觉到的颜色和味道。换句话说，物对彼此隐退了，而不仅仅对人类。所以，人类不过是宇宙中众多物的一种罢了。就像我在其他地方已经具体论述过的，海德格尔对上手性和在手性的著名区分并不是对实践性工具和闪耀的明晰知觉的区分，而是内含了对物和关系的更普遍的区分。在场意味着关系性，仅此而已。思考一个物的存在就意味着去思考它从所有在场形式中隐退的状态，无论是作为被看见的、被使用的，还是仅仅在众多其他存在物当中在场的。所有的物都对彼此隐退，并非只是对人类。这就是对海德格尔工具分析的第二次激进化。但我们现在似乎离现象学很遥远，因为我们现在深入了被胡塞尔所避免和遗弃的自然与形而上学的地带。

然而，第三次激进化将我们推离海德格尔，又重新回到胡塞尔。因为如果棉花和火对彼此隐退，而不仅仅是对人类的话，我们就必须追问它们究竟如何能够相互接触交流。鉴于物的相互隐退，我们现在转向它们被遮蔽起来的晦暗的实在性，无生命存在物之间的关系似乎要求了一种偶然性原因的参与。那么，究竟是什么使它们能够接触或结合在一起呢？我们不能说是上帝，就像早期伊斯兰神学和17世纪欧洲的学者所说的那样，因为只要神的干预始终不能被认识，这就等于什么都没有解释。但是，也不能是人类的意识任意地将这些离散的属性困到一起，构成了一个虚构的潜在实体，就像很多经验主义者（empiricists）所说的那样，因为这样便把物化简成了它们被我们经验到的状态，这是没有道理的。我们很快就会发现，尽管胡塞尔把自然世界悬置起来，但他并未把物还原为我们对物的经验。但不管怎样，悬置确实能产生一个效应。我并不赞同那些认为胡塞尔已经在他自己的著作中预料到工具分析的观点。因为鉴于意向性对象只有观念性存在，而没能与尚未被释放出因果力量的实在宇宙有所关联，他确实应该被叫作观念论者，并且这个称呼应该是比较没有争议的。相对的，海德格尔偷偷地对宇宙做出了声明，认为那里充满了物，并且它们具有令人惊叹的实在力量，完全不能被还原为任何关系。海德格尔的问题在于他仅认为物对人类此在隐退，而不对彼此隐退。基于这个原因，他从未收获他自己植下的怪诞实在论（weird realism）的果实。

8.2 意向性对象

如果不在思考过程中悬置自然物，现象学的重大突破就无法达成。从对其他物释放出影响力的固态桌球这样一个模糊的观念转向一个关于物如何能够将自己呈现给我们的更严格的基础是很重要的。迈出这一步的代价也是很高的，因为自然和形而上学立刻被当作是从人类中心的意识行为领域中开端的。这种将实在物当作内在地非哲学的东西的夸张说法，使海德格尔能够提出隐晦的、隐退的工具存在。

然而，胡塞尔并非简单地将人类体验与由自然的物理固态物构成的领域对立起来。因为很显然，胡塞尔完全不是一个经验主义者。在《逻辑研究》第二研究中，我们能看到他对洛克、贝克莱（Berkeley）和休谟知觉理论的精彩反驳。反驳的中心洞见都是相同的：人类并不意指（intend）"被体验到的内容"，就像所有我们处理的东西被鲜明地摆在我们眼前。胡塞尔的替代解释方案认为，是我们意指对象（objects）。这些并非是科学研究的自然物，可以被还原为物理物质或力场的东西；也不是海德格尔所说的非自然的工具对象，退隐在沉默的潜藏区域当中。相反，它们是著名的"意向性对象"，这在海德格尔和英国经验主义那里都不存在。对海德格尔来说，如果存在对象，它们只能处在隐晦的深处，而不能在知觉当中。

意向性对象完全不能被等同于实在物，原因有几个。首先，它们仅仅是观念性的，可能根本就不存在。实在物"火"能灼烫、燃烧、沸腾、融化以及裂开其他实在物，而意向性对象"火"则有非常不同的功能：它只能统一一系列变动不居的侧显和表面，这些表面的变化永远都不会影响到其下方的观念性整体。其次，实在物退隐，但是意向性对象不会退隐，即使它们永远不会变得完全可见或彻底被知觉充实。这一比较是重要的。实在的树总是隐退到其不可见的实在性当中，不被宇宙中的任何东西所触碰，而意向性的树则总是完整地在我们眼前。尽管总有无限的角度和距离可以供我们观看它，并且我们也无法同时看到所有这些侧显，但是，这棵意向性的树从一开始就是完全被充实的。毕竟：它就在那，这棵树，而我们现在在想的也都是它。树这个对象本身已经完全显现了，而未被充实的只有它的感性内容。如果我们认为实在物隐退，即它的存在只有很少一部分在场，那么我们或许可以认为意向性对象就是结的一层痂，意思就是其存在的大部分内容在场。意向性对象总是被一些无关紧要的表面效果覆盖，这些表层必须通过本质变更（或本质直观，eidetic vatiation）[2] 被剔除，以便能够更加靠近藏于其下的更严格的本质。

最后，还有一个在实在物和意向性对象之间的最重要区别。

2　eidetic variation 或德语 eidetische Variation 在胡塞尔现象学中，严格地说是本质直观方法的一个组成部分，是把握事物本质的方法。参见倪梁康，《胡塞尔现象学概念通释》，北京：生活·读书·新知三联书店，2007 年，第 483-484 页。——译者注

实在物被切割到孤立的、互相排斥的真空当中，没有任何一个物能够触碰到它隔壁的物。与其相对，意向性对象则在某种意义上能逐渐进入另一个对象。就像纺织物上的颜料，意向性对象渗入彼此当中。或者换个说法，像开着瓶盖的葡萄酒或亚麻短裤，它们向其周围的环境挥发。尽管我确实能够一眼就清楚地区分出树、石头和土壤，但所有这些意向性对象都披着一层无关紧要的感觉表面，需要现象学家花很多力气去到达背后的本质。

重复一遍，尽管胡塞尔看上去在一开始就把物排除在讨论范围之外，但他实际上通过意向性对象的形式，又重新将它们迎了回来。我们必须注意，这一步不仅仅是为了反驳英国经验主义者，他对他们从来没有多少同情。实际上比这更多的是，这同时还改造了来自他老师布伦塔诺（Brentano）的概念。在《逻辑研究》第五研究中，他修改了布伦塔诺的论点，布伦塔诺认为所有意向性必须基于表象，而胡塞尔认为所有意向性都必须基于那些总是超越于表象的"对象给予行为"（object-giving acts）。在另一处转折中，胡塞尔使用了"称谓行为"（nominal acts）[3]作为对

3　nominal acts 或德语 nominaler Akt 在胡塞尔现象学中指与 propositionaler Akt（论题行为）相对的客体化行为，根据倪梁康的解释，两者基本上可以等同于"表象"和"判断"这对概念。（参见倪梁康，《胡塞尔现象学概念通释》，北京：生活·读书·新知三联书店，2007年，第 17-18 页。）前者专门指单一对象/客体，而后者指一种事态（Sachverhalt）。李幼蒸将这一术语译为"名词化行为"，是比较语言学化的处理。这里，译者认为倪梁康的译法更接近胡塞尔所讨论的实事问题，而李幼蒸的译法过于强调语言层面与胡塞尔原意并不完全相符，故而选择倪梁康的译法，译作"称谓行为"。——译者注

象给予行为的同义词。就像不管一个物所知的属性发生何种变化，一个专名（对索尔·克里普克 [Saul Kripke] 而言）都会继续指向这个统一的物，一个意向性对象像斯芬克斯一样，在各种多样的属性变化中央安然熟睡。

但是我们这里触及到这篇论文最核心的问题：属性的矛盾结构。我们并不是在一边有意向性对象，而在另一边有感觉属性，好像是一个永恒的二元性（至少在《逻辑研究》中不是这样）。要是这样，就太接近新康德主义对感性和理解的区分了，而胡塞尔公开反对了这种区分。相反，所有被认为是感觉的或肉身体验的材料都已经被塑造成了客观的形式。没有一种红不早就已经是一只苹果的红、一只樱桃的红、红酒的红或者爆炸阶段的巨大恒星的红。只要我们想退回到一个我们能够观察到纯粹被给予的颜色和形状的地方（像经验主义者那样），我们就会发现胡塞尔根本不允许这种可能。所有的东西都早已指向意向性对象。并不是预先给定一些模糊的感觉材料，然后这种材料被塑造成可被接触的东西。所有东西都出现在意向性行为中，而意向性总是并且只能是对象给予行为。但是意向性对象必须要以某种轮廓或表面显现。那么，这些轮廓和表面是什么？鉴于我们并不只是伸向难以把握的意向性对象，而是站立在某一个具体的、被天空中的嗡嗡声或无人机、万花筒般的视觉效果所包围的位置上，我们的感觉究竟遭遇到了什么？这就是知觉属性的矛盾之处。在这篇论文的结尾处我会提出，同样的矛盾也存在于因果关系当中。

尽管胡塞尔和海德格尔以不同的方式警告我们提防形而上学，但我们其实已经置身其中。海德格尔的实在物由于它们不能被相互隔绝的特征将我们引向了形而上学。如果锤子、石头和火焰对所有其他存在物隐退，那么我们就要解释为什么这个世界上会发生各种事情。在这个意义上，海德格尔和众多阿拉伯和法国偶因论者面对着一样的问题。偶因论，以其理论著名，这一理论声称上帝无时无刻都能够直接干涉宇宙中每一颗尘粒的运作，甚至每时每刻都在重新创造宇宙，这种理论在历史上被当作无关紧要的稀奇东西，只有修道士和档案员会去捣鼓。但实际上，偶因论是一个远比我们通常所以为的广得多的问题。偶因论的关键不是那个过时的、任意的、允许上帝干涉所有事情的神学。相反，关键在于世界中的物只能彼此并排存在，而不能互相渗入。这种"并排"（side-by-side）恰好将经验论者（甚至当他们是无神论者的时候）和得到充分发展的偶因论神学联系起来。正如斯蒂芬·内德勒（Steven Nadler）正确地注意到，[4] 这些非常不同的人物，譬如伊斯兰教狂热分子艾什尔里（al-Ash'ari）、被惩罚的反亚里士多德主义者奥特库尔的尼古拉（Nicolas d'Autrecourt）、虔诚的天主教徒马勒布朗什

---

4 Steven Nadler. "'No Necessary Connection': The Medieval Roots of the Occasionalist Roots of Hume." In *The Monist* 79 (1996), pp. 448-466.

（Malebranche）以及不虔诚的大卫·休谟，其实都有惊人相似的论点。在所有这些哲学当中，一个对象或一个属性是不能与另一个直接相连的。不幸的是，他们都给出了一个虚伪的例外。对神学家而言，这当然是上帝，他能够打破并排的原则，用他的力量联结事物。对经验主义者而言，是人类的灵魂施加了这种虚伪的力量，将分离的属性捆绑到一个声称是潜藏着的基础之上，而这个基础甚至可能根本就不存在。但是虚伪并不是解决问题的办法。相反，我们必须在面对每一个个别案例时咬紧牙关，而不是看向某个具有魔力的超级存在物，希望它能够把所有退隐的物连在一起，无论这是无所不能的上帝，还是无所不能的人类精神 / 意识。每一个个别的物都必须能够接触其他物，尽管它们对彼此退隐。

8.3　偶然性原因

那么，偶因论就是一种外部性的哲学，关于并排存在的物，并认为它们不会相互深入彼此当中。这就要诉诸一种无能的火和棉花，它们在没有上帝干涉的情况下什么都做不了，或者用经验主义者的原则来说，那就是"关系外在于它们自身"（relations are external to their terms）。但是，实在物将我们困在一个偶因论的僵局里，困在他们秘密的相互隐退当中，而意向性对象则早已轻而易举地相互渗入彼此。并且，意向性对象以某种方式已经获得了将无数侧显、晕圈（halos）、表面融合为一个单独意向性对象的、上帝一般的能力，将无数属性整合进一个单独的本质，即便它们保持了相对分离的属性。因为这个原因，偶然因果的问题可能可以被这样解决，即首先关注知觉的领域，然后以某种方式回到实在物的领域。现在，我试图简短地做一下这种尝试。这个问题很重要，不仅仅是为了阐明海德格尔或胡塞尔（无论是以何种非正统的方式），同样也是为了澄清很多经典形而上学的核心问题。关于偶然性原因，我们可以将其叫作间接原因（vicarious cause）以避免没有必要的、指向神学的言外之音。这个问题远远不只是事物为何能够既是分离又是相连的这么简单。并且这个问题处于著名的经典对立的关键位置，这些对立包括一与多、同一与差异，包括一边是实体，另一边是元素、偶然事件、关系以及属性。

8.4　物的火山芯

我的论点可能乍听起来有点奇怪，它就是，世界上所有事物只在物的内部（interior）发生。因为物不能直接接触彼此，它们必然只能在某种它们各自都具有的间接媒介的作用下才能交流。一个物的内部可以被看作一座火山、万花筒、女巫的坩埚、钢铁厂或者炼金术士的烧瓶，可以将一样东西转变成另一样东西。我们不难发现为何必须如此。让我们从意向性行为中的模糊性开始。胡塞尔公开承认，我们关于某物的意向在某个意义上是一，而在另一个意义上则是二。并不仅仅是两个存在物并排着，而是意向性行为在一开始就构成了这种联系。此外，因为树或花和我并不能融合在一起以称谓某种巨大的没有部分的冰川，我们必须同时承认，这一行为的构成部分依然在某种程度上相互分离。

现在，我们没有选择，只能管这种已经统一起来的行为自身是一个对象。这并不是因为它由原子或石头或金属矿石构成，也不是因为它能够延续上百万年，更不是因为它能被拾起来，并像一个球或一个炮仗一样被扔出去。不，意向性对象是一个对象，就因为所有其他对象也是如此，即这个实在现实的完整深度永远都不能被彻底探明。我对一支烟囱的意向、一艘海盗船的意向，或者雪崩的意向为现象学家或马塞尔·普鲁斯特（Marcel Proust）那些令人厌烦的（ad nauseam）描述提供了无尽的材料。但是因为我们谈到了两种物，我们必须说明意向性行为属于哪一种。这里，我们必须注意到统一起来的意向性行为只能是一个实在的物，而不只是一个意向性的物。我和树的关系并不只是被其他人看到的，甚至也不仅仅是被我自己看到的。相反，我主动地参与到和这棵树或这座山的争论当中，即使它们最后会被证明只是虚无的。结果是奇怪的。意向性对象和我都以某种方式居于实在物融化的内部核心当中，这便是完整的意向性行为。"在存在中具有意向性"（intentional *in* existence）这句老话就有了新的意思。并非只是现象以意识内容的形式存在，而是精神生活及其行为都蕴含于一个大的对象当中，而这种方式现在还未被充分认识到。

但是，这不仅仅是关于人类知觉的。换句话说，不仅仅是人类的独特属性使意向性能够处于物的内部。我们不知道一个无生命的物究竟体验到了什么。我们无法确认莱布尼兹将一块岩石的知觉同一个非常晕乎的人的比较是否是对的，或者我们是否应该在无生命的领域里谈"体验"。目前，我们甚至很难想象一个能够更精确地澄清人类、海豚、菠萝、椅子和原子之间差别的理论。

然而，我认为如果我们仔细去看意向性，它的关键不是某种以清晰的表征性意识为标志的人类特殊的我思（cogito）。相反，关于意向性，最惊人的是对象被给予这种遭遇。换言之，人类对身处具体的感性实在当中感到警惕。但是和英国经验主义相反，它遭遇到的是物，而不是纯粹的属性，因为属性除非像辐射或臭味一样从意向性对象中扩散出来，不然就没有任何意义。这在无生命的领域同样成立。就像纯粹的属性不能存在于人类的领域，由很可能没有灵魂的物质组成的世界也不能在一些决定性的色彩或热当中展开。一个物总是会遇到另一个物，尽管永远都不会以穷尽的方式。

总结一下，所有关系都必须构成一个物：这个物的构成部分以某种方式相互挤压，以某种多少有点猛烈的方式遭遇彼此，即使有什么在它们之上将它们更稳固地联系在一起。不管这个观点的相反立场是否也是正确的（即，每个物同时也由关系构成），这确实是一个有趣的问题，因为这牵涉是否存在物被另一个物包裹其中，继而又被另一个物封存这样的无止尽回退，或者我们能否到达世界的某种终极的点。我们只能在其他地方处理这个问题。

必须承认，在我和我见证的对象之间的意向性关系中，存在着一种不对称。但我们这里说的不对称并不是"明晰的有意识主体对阵一坨麻木的无生命物质"。相反，这种不对称就是，在我正在进行意向性活动的情况下，对象可能根本就不会遭遇我：并不是因为它麻木的无生命属性，而仅仅是因为我对其并不产生效应。如果我们设想一下两个人正在互相盯着彼此，我们就能更好地理解这个论点。很显然，我们在这里有两个意向性活动。如果意向性在某个物的内部展开，像我前面说过的那样，那么我们就不得不谈论两个区别开的物。但是当我们在进行意向性活动时，注意，我们并不能算是"主动的"一方，即使必须是我们介入这样一种疯狂的知觉活动当中。相反，我们恰恰是被动的一方，因为是我们被自己遭遇的对象吸入了一个新的空间。

我们现在到达了物的融化掉的核心，那儿就是实在性展开的地方。正是在这里，关系和事件会发生，并且唯一实在的地方充满了具体知觉的灵光，而不再退隐到隐秘的、深不可测的地带中去。换句话说，海德格尔的实在物，即工具存在超越了一个人能够和它们建立的任何一种关系，似乎完全不能在彼此间建立关系。每一个都被困在了实在性的真空当中。这将海德格尔推向了偶因论，因为他没有办法，只能用这样的方式去解释一个物如何能够影响另一个物。相对的，胡塞尔的意向性对象，这个在海德格尔成熟期的作品中没有等价物的概念，什么都不干，只是在意识中融化并相互渗透。因为意向性对象已经被阳光、阴影和其他偶然性的表面效应包裹，这些表面声明了它的存在但并不构成它的一部分。因此，意向性的领域似乎是一个熔炉，而世界的苦劳在其中得以完成。换言之，解决物如何关联这个问题的方法需要从物的内核中去寻找。我们还需要解决的问题是，一个物究竟如何进入另一个物的核心当中。如果这根本没有发生过，那我们将只拥有无数的私人宇宙，相互之间从不沟通。

在继续之前，可能有人会问，这种将物的内部看作实在现实之所在的转向究竟能带给我们什么。最重要的结果是消灭了一种特殊的、人类超越性的观念，这种观念认为人类能脱离世界到达大风和星辰的空间[5]，在那里物被"看作"是其所是。人类并不会升到世界之上，而仅仅是向深处不断挖掘，以与其

---

5 作者的这种比喻似乎站不住脚，星辰的空间难道不属于世界？而刮风（至少在气象学意义上）更是大气层内的现象。——译者注

融合（fusing）的方式朝着物的核心挖去。我们始终站在某个地方。

但是，就算现象学的阐释学方法可能已经号称知道了这些，已经承认人类"毫无疑问"只能在一些预设当中，或从一个独特的肉身化的或历史性的位置上去知觉。但这还不够。因为即使我们用一个更模糊的、更神秘的被抛入其历史的一语言的环境当中的人取代了清晰、超越的我思，我们依然依存于一个单一的、独特的在人与世界之间的界线或互通关系。人类／世界的关系被当作一种格外特别的、不同于棉花与火的关系的特别种类。这是我们必须要抛弃的遗产。相反，我们必须愿意去谈论任意两个处于平等关系的物之间的任意关系。世界是有层次的，人类只能在其中向上或向下移动，探索世界的轮廓，这些世界的部分无论是否被我们意识到都存在着，并且我们不能声称自己是世界上特殊的裂缝，现实只能从这个裂缝中展开。意识不再是特殊的，而仅仅是部分与整体关系中的一个个别情况罢了。

现在我们已接近文章的结论了，但这个结论很困难，并且是尝试性的。第一个问题是：意向性只能遭遇对象，因为《逻辑研究》第二研究的整个论点就是经验主义者错误地认为存在一种经验的"被给予"表面。物从来不能被完全给予。但是因为物显现所依赖的任何表面属性同时又是意向性对象，它们又如何能够被部分地给予呢？每当我们试图从未能完全在场的椅子或铝制罐头退回到使它们得以被触及的感性材料，我们就会发现并不存在这些材料。去谈论某种原始的、尚待被范畴直观塑形成对象的面团状的物质，就是回退到一种对感觉和理解的区分，而胡塞尔的第二研究正是致力于摧毁这种区分。简言之，问题就是我们究竟如何体验任何东西。为什么我们不是沉默地漂浮在一个黑色空洞中，与所有东西隔离且无法知觉到任何东西？

答案当然是意向性对象不能隐退，而只能形成一种不属于物的本质的表面。坚持认为一棵意向中的树能够以某种方式隐藏起来的观点可能源于一种对意向性过于视觉化的解读，"我现在只能看到树的一面，而其他的面现在对我并不可见"，就像一些巨大的立方形视角能够叠加起来构成一个物的本质。实际上，即使没有这些视角，物的本质也能被觉察到，因为它们仅仅是表层，和这棵意向中的树本身相比，它们和围绕着这棵树的光与风的关系要更大。意向性对象永远都不会隐藏起来，而总是被太多光芒照亮、被太多香料熏制、被太多服装包装。如果我们要知道究竟什么才真的属于它们，这些东西就必须被一点点剥掉。

在意向性的领域里，对象以模糊彼此本质的方式渗入彼此。两棵树在远方融合在一起，短暂的月光让我们对一个远方事物的色彩产生错误的期待。本质变更的目标（对大多数人类智能而言）就是要区分小麦和糠，区分本质和偶然，因此颠倒了这种混合或渗透，而感知从这里开始。正如梅洛-庞蒂（Merleau-Ponty）向我们说明的，威廉·詹姆斯（William James）也已经说过，我们身体的运动，通过对姿态的细微调整、对头部的抬升和放低、将嘴巴轻轻扭曲或张开，这些都是为了靠近事物的方式，它们以恰当的方法在其最具美化、最具揭示力的光芒中把握住事物。像詹姆斯所说的，每一个物都必须在一定距离外才能被看到：一本书，直接盖在我们脸上也好，被摆到离我们 100 多米远的地方都是荒谬的。对所有其他物也是一个道理，它们必须维持在各种可能的距离之外。而且，亚里士多德已经认识到，记忆也为我们创造了这种距离：我们将一条河记作一个对象，而不是那条有着闪闪发光的扭曲表面的河，那条河最初作为现象呈现，而记忆正是来自那里。在任何情况下，知觉和理论都试图过滤掉事物的偶然性因素，呈现出它的本质。这样，知觉、理论以及记忆都颠倒了感知的运作。

但是还有问题。即使我们称一个物的某些属性为"本质性的"，它们还不是物本身。因为每个物的属性都是相互分离的，并且我们并不是通过把它们拼在一起来到达事物。超越其所有本质属性的物，更像是一种酝酿中的力或风格，它们潜藏在那些给它们带来生命的属性之下。很有趣的是，胡塞尔将意向性行为描述为一种称谓行为。因为根据最近的克里普克学派的观点，这就是专名所做的事情，而胡塞尔，甚至亚里士多德早就描述过了。喊出一个名字（"保罗！""雅拉！"）并不是喊出潜藏在所有偶然性之下的本质性属性。当我们说"树"或"月亮"的时候，我们并不是指任何具体的知觉属性，因为这些都是可以被证伪的。当兰波（Rimbaud）写道："森林中有一个泥坑，里面有白色动物的巢"，这句诗的力量并非来自其对这一场景本质性属性的精确描述。即使诗人一开始就弄错了，并且一开始住在泥里的实际上是米黄色的动物，但他的诗也不会因此就被毁了。简单说，凭借名字，我们不仅超越了偶然的东西，甚至还超越了本质性属性，召唤出某种鬼魂般的东西，居于世界之中，且不能被定义。通过这样的方法，我们似乎超越了意向性对象的领域，到达了实在物。这样做不仅仅是反转了感知的运作，似乎也在颠倒因果机制本身，因为我们指向了一个与我们保持距离的孤立的物，它不再同我们保持关系。

对这种指向行为，我们可以用一个词"引诱"（allure），当一个物成为一种鬼魅般的力，超越了所有我们能够列举的关于它的属性，它就具有了引诱性，这种力，凭借某种恶魔般的能量，从内部让物具有活力。引诱将一个物和它的属性区分开来。这不仅发生在命名或称谓行为当中，也发生在无数其他不同的情况中，所有这些情况都带有强烈的情感。我们用隐喻的方式来看待它，其中"人是狼"（马克斯·布莱克 [Max Black] 的著名例子）似乎把人和他的属性区分开来，用狼的属性做了替代。我们用幽默的心态来看待它，其中的梗似乎跟他的脸或腿都不再有任何简单直接的关联，没有巨大的红鼻子因而看上去蠢蠢的，也没有在冰上滑行。我们用审美的眼光来看待它，其中美的部分闪光又退去，很难用一系列具体的美的特性来定义。我们从勇气的角度来看待它，无论可能会有多么灾难性的后果，人们都坚持自己。我们从强烈的忠诚度来看待它，即便当它们吸引人的属性似乎都已消失，对一个人或一个理由的坚持依旧。我们同样也从尴尬的角度来看待它，这样人看上去就不再能够对自己的行为有足够的把控，而是笨拙地过度投入自己的行为中，譬如划船或玩高尔夫球。可能更有趣的是，我们也能从某种理论视角来看待它：那种被托马斯·库恩（Thomas Kuhn）叫作范式转换（paradigm shifting）的理论。一种范式的统治并非是由一群暴徒社会性地构建的，而仅仅是潜在地认同某一个具体的关于物的模型，这一模型或理论即使面对其残留的矛盾，甚至实验的证伪，都能延续下去。这就将我们的理论和那种仅仅会清除掉关于世界中的本质和偶然的错误观点的理论区分开来。转换一个范式就是去创造或者发现一个新的对象，一个可能已经被其他典型属性所识别却显然和他们并不相同的对象。

但是我们要注意引诱不仅仅通过从环境中区分出物颠倒了因果机制。引诱同样是一种新的因果行为，因为它将我们带到一种和新对象的关系当中：无论这是兰波的泥坑隐喻、德勒兹的潜在性（the virtual）概念、一种新的艺术风格，还是一个迷人的新朋友。但是引诱不仅仅是一种因果：它就是因果。它不仅是唯一能够把事物弄到一起的方式，它和因果（不像规范性理论和知觉）还都具有二元的结构。不同的人对于同一个笑话是否好笑可能会有不同意见，有些人会比另一些人觉得更好笑一些，但最终它要么好笑，要么在此时此地并不好笑。就是这样，要么火导致了棉花燃烧，要么不是。一个隐喻要么能俘获我，要么完全不能。我在某个具体时刻要么是忠实的、勇敢的、尴尬的，要么不是。

这样，我们就发现了意向性活动的核心结构，这一活动甚至和单纯的物理因果也有关系。一个实在的物被以某种方式变成了一个纯粹的意向性对象，通过镀上各种偶然性的，甚至所谓的本质性属性来作为缓冲，并得以在因果关系里保持中立。然而有些时候，因为一些没法在这里再做解释的原因，废墟被清理了，物则作为闪光的东西被我们在一定距离之外遭遇，遭遇时它呈现为赤裸裸的引诱物。从这个方面来看，形而上学可能是美学的分支，而因果关系仅仅是美的一种形式。任何情形下，在观念性或意向性的现实与被悬置的物理现实之间的界线都已经模糊了。现象学已经变得像形而上学了。

9. 空间、时间及本质：一种以物为导向的方法 (2008)

这篇论文写于 2008 年初，基于 2007 年 11 月 23 日我在位于荷兰的德尔福特理工大学 (Technical University of Delft) 作的演讲。我那时候正在休我在开罗的职位的年假，并且在阿姆斯特丹大学做访问教授。在这篇文章中，我正努力发展着我如今由时间、空间、本质和艾多斯 (eidos) 构成的四重模式。但我那时候的笔记本显示，在德尔福特的讲座仅仅触及了一个由"时间""空间"和"？"组成的三重模式，并没有谈到第四重。关于文中涉及的年轻的贝亚特莉丝 (Beatrice)，她是一个住在英格兰的朋友的女儿，年纪轻轻就已经表现出对关于空间和时间的哲学问题的兴趣。这篇论文最初是为一本关于空间和时间的论文集准备的，我最后收回了投稿，因为编辑要求我加上脚注，但我觉得在这篇文章的情况下，这样做并不合适。

空间和时间跟每个人都密切相关。我们整个人生都在空间和时间中展开，我们最疯狂的幻想亦是如此。反思它们的矛盾性或许是让我们最快进入哲学语境的方法。这篇论文对这些重要的问题提出了一个新鲜的解决思路。我的策略就是经由一个表面上不同的话题，间接地看待空间和时间：物的结构。如果这种间接的方法成功，那么就说明一门以物为导向的哲学能够让我们曲线超车，绕开那些陈腐的关于空间和时间的无休无止的争吵。

9.1 空间和时间

空间从我出生的外省小镇延伸至首都、山脉、海洋以及外国的矿井和香料贸易路线。海洋深处是奇怪生物的家，它们在那里忍受着可怕的水压，而在地心很可能生存着比这些动物更加奇特的细菌。更远一些的地方还有月球、地外行星以及寒冷的奥尔特彗星云（Oort Cloud）里随时可能进入太阳系中心的彗星。望远镜能够看到更远的地方，而在这些工具所见极致之外还有更远的地方，有些地方的环境比地狱还要残酷。太空是黑洞以及类星体的家园，但同时也是巨石阵（Stonehenge）、塞伦盖蒂国家公园（Serengeti）、拉斯维加斯以及凯撒的尸骨所在的地方。[1]

1　奥尔特彗星云是天文学家假设的一个包围着太阳系的球状云团，其中布满了活跃的彗星，最大半径接近 1 光年，一般认为是 50 亿年前形成太阳及其行星时的残余物质。巨石阵位于英格兰，是由巨石构成的环形建筑遗迹，考古学家认为其大约建于公元前 4000—2000 年的新石器时代末期。塞伦盖蒂国家公园位于东非大裂谷以西，现属坦桑尼亚，是非洲最大的野生动物保护区之一。——译者注

时间包含了当下的时刻，这一时刻足以让我们经常感到沉重与绝望。但是它同样也包含了诡异的过往岁月，那时候我们都还未出生，我们的祖先还在古老的大草原上做饭、战斗，以正好能够生出我们所有后代的方式交配。数千代人之前的祖先是如此巨大，以至于我们要是亲眼看见他们必定会杀了他们，而不是将他们当作尊贵的人。在未来也会有类似的危险：很久之后，我们的后代可能会进化成一个比其他宇宙生物看起来更让人厌恶的物种。从生物学的尺度回到天文学，我们会发现更遥远的过去和未来，在那些遥远的时期，物质的结构可能会和我们今天知道的很不相同。就算不做这么极端的假设，日常生活中的空间和时间也包含了大量神秘的东西，无论这些东西如何被常识所压抑。火能在地球上的某个地方燃烧而又不至于伤害到我，海洋搅动但不会将我淹没，此时此刻在罗马尼亚的某个工业熔炉里，硫磺和沥青正冒着泡泡，而我却闻不到，以及所有现存的老虎和眼镜蛇都不会对现在的我造成危害，而我从不因为这些觉得奇怪。但这些事情却会让一个哲学家惊叹。类似的谜题层出不穷，但都跟时间有关。我，现在是一个在埃及工作的即将步入中年的学者，清楚地记得自己曾经是一个棕发小男孩，居住在爱荷华州的一个我现在很少回去的小镇，整天被现在已经过世的宠物和亲戚团团围着，而那时的房子几年前也已化作了灰，这些是多么的诡异。更让人不安的是想到有一天，这个孩童 - 成人的身体或者会被放进坟墓或教堂地下的墓里，被火炉烧成灰，或者会当着一些为我悲惨命运哭泣、回顾我对他们的意义的幸存者的面，被鱼和野生动物吃掉。确实，空间和时间忧郁的奇迹会引发一门哲学。这些东西是对我们做出的哲学反思最清晰、最基本的推动力。

孩子已经具有这种反思的能力。实际上，他们在面对这些神秘的事物时往往比成年人更加决绝，成年人总是被他们自己争夺的空间和时间内谁更具有反思权威这种事情分心。我最近意识到这件事是因为一个颇具天赋的 5 岁女孩，贝亚特莉丝，她是我一个住在英格兰伯恩茅斯的朋友的女儿。她最近几个月的问题中有一个是这样的："宇宙（空间）的尽头是什么？"她妈妈告诉她，尽管大家都努力去寻找这个问题的答案，但没人知道，或没人可能会声称知道答案。不论是哲学还是物理学、天文学，或者建筑学都不能结束这场辩论。尽管我们很容易记住贝亚特莉丝还未出生时的事情，但她却可以问出一个触及人类认知极限的问题。如果她的问题是"时间的尽头是什么？"她妈妈会有差不多的答案。孩子可能会想，时间是不是有开始和结束，它们能不能倒过来，以及其他的事情。而在所有情况中，他们年轻脑袋的结论都和我们最伟大的哲人有极大的相似性，这些哲人一样不仅对时间之前发生了什么知之甚少，甚至也不知道这样的问题本身是否有意义。

随着贝亚特莉丝逐渐长大，这个最深刻的形而上学问题对她的召唤也变得更加明晰尖锐，她在发展自己思路的过程中就会遇到无数的困难。关于空间和时间，她主要的敌人并不是教条，因为在这些问题上确定性的缺乏是众所周知的。更可能的危险来自怀疑论、消沉的意志，以及百科全书式学究的经常性的霸凌。因为如此多的伟大思想家都已经考虑过这些问题，并且他们的争论几乎都没能被解决，贝亚特莉丝很可能会因此丧失掉对空间和时间问题给出自己观点的勇气。只能看到经年累月在图书馆中埋头苦读的未来，而这种努力还不一定能换来清晰的结果，她可能会认为自己没有在这些问题上给出创新见解的能力。在众多和空间与时间有关的经典问题域内，有几个显著的争论，她可能会感到没法继续推进下去：

（1）空间和时间是从事物之间的关系中诞生的，还是用于承载存在物的独立容器呢？这是莱布尼兹与塞缪尔·克拉克（Samuel Clarke）于1715—1716年著名争论的话题，这个争论也可以被看作发生在莱布尼兹和他的宿敌艾萨克·牛顿（Issac Newton）之间。[2]

（2）空间和时间是由可量化的块状物构成的，还是平滑的、流动的连续统（continua）？这个问题引出了柏格森的哲学，从他1889年的第一本书一直到他其他的大作。

（3）空间和时间是有限的还是无限的？康德的第一个二

2　由于克拉克是牛顿力学体系的著名支持者，所以作者认为，莱布尼兹与克拉克的争论也可以被看作他和牛顿的争论。——译者注

律背反很恼人地认为这个问题不能被回答。

（4）最后，空间和时间是分开的领域，还是共同属于同一个时空，像闵可夫斯基（Minkowski）和爱因斯坦（Einstein）所认为的那样？

9.2 给贝亚特莉丝的信

提到莱布尼兹、克拉克、牛顿、柏格森、康德、闵可夫斯基以及爱因斯坦，就引出了一个吓人的名单。谁还会觉得有希望在这些名人的洞见之上再提出些新的见解呢？我们顶多觉得可以检验核对一下这些伟大思想家的见解，要么在他们当中选一个当作我们的英雄，要么在他们每个人最好的论述部分之中，选择一个实用的、模糊的折中立场。然而，这会挫伤贝亚特莉丝和她那些年轻同辈们的雄心，他们希望给他们的问题找到一个清晰的、决定性的解决办法。现在，她的爸爸用一种值得尊敬的谦虚语气说，"她只是一个普通的小女孩，我猜所有的孩子都会有这样的想法，只是大人从来不听。"但让我们设想贝亚特莉丝以她的执拗方式继续这些追问，以至于她的父母最终意识到她确实有进行这些深刻思辨的天赋。我们继续设想，鉴于我跟她父母的熟悉程度以及我自己对形而上学问题的执着兴趣，她父母让我去给小贝亚特莉丝上课，讲解关于空间与时间的问题：一个任何哲学家都不会拒绝的工作。但最后，让我们再设想一下，在我接受了这份工作之后，我却被诊断出患了某种不治之症，因而只能在某个破败的城市医院中度过我生命的最后几个星期。因为小贝亚特莉丝只有五岁，想让课程有所进展的希望渺茫。无论如何，这个女孩的健康都会被一位将死的老师所危害，为了部分履行我的承诺，唯一的办法就是留下一份书面遗嘱，鼓励这个女孩和她的朋友们要一直独立地思考，无论在过程中经历多大的压力。通过这份遗嘱，我就扮演了某种颠倒过来的但丁的角色，将贝亚特莉丝从坟墓带至最高的思辨领域。[3] 由于健康和教育的原因，这份最后的文件必须要尽可能简洁地在几打纸甚至更少的范围内涵盖空间和时间的问题。但是这种限制也会是一种幸运的优势，因为这篇文章的主旨就是要将贝亚特莉丝及其伙伴从只会让他们对未来的智性创造失去勇气的学究大山里解救出来。

尽管在跟孩子说话时讲这些会很奇怪，但这里最有效的隐喻只能是军事的。知识分子早就习惯于将军事领袖看作单向度的压迫者和杀人者。这种态度忽视了军事当中令人敬佩的实在论(或现实主义，realism)：军队必须被集结于某个具体的地点，策略要根据敌人的实际情况进行调整。我们的目标就是，用最

---

3 作者朋友的女儿与但丁《神曲》中提及的但丁恋人同名，故而作者在这里做了一个有趣但颠倒的类比，在《神曲》中，贝亚特莉丝引领但丁，从炼狱到达天堂；而在这里，作者则引领小贝亚特莉丝到达形而上学的"天堂"，也就是其所谓的"最高的思辨领域"。——译者注

精简的方式，对一些关于空间和时间的经典问题给出新的见解。但一开始我们面对的就只有学究和不确定性，二者的数量相当。当过多的评论将一个最基本的、连孩子都很感兴趣的人类问题变得难以理解，那么我们很可能就已经进入了战壕战的阶段。在那些战火纷飞使人不得动弹的历史时刻，对阵的军队发现最安全的办法就是按兵不动，在最稳定、最有保障的位置往地下挖。在学术领域中，这也一样适用。每当概念创新走进死胡同的时候，思想活动就变成了纯粹的炮火交错、油罐横飞。成千上万的生命被消耗，却谁都没能前进一寸，人们依着杀敌的人数自夸，而前线却毫无风吹草动。如果说伊曼努尔·康德应该得到一些肯定的话，那就是他意识到那个时代形而上学的战壕战状况，充斥着越来越多的毫无意义的证明和反证。但很不幸，康德的解决方法是诉诸一种对物自体本质的不可知论：这差不多可以类比为带上耳塞逃离战壕的行为。但至少康德看到了这种相对立场间无止尽争论带来的智性恐怖。战壕战对知识分子和士兵而言都是一样的浪费生命。

我们从中能够学到的东西很清楚：我们不能直接处理空间和时间。就像 1860 年代的尤利西斯·S. 格兰特 (Ulysses S. Grant)，直接冲向敌军阵线的我们就是屠夫，而只有当我们包抄到城市后方，袭击了铁道和供给仓库才能成为胜利者。回到我们的核心话题，我们必须将空间和时间的四个问题统一为一个更根本的问题，而这些问题都来自于此。这四个问题是：

（1）时间和空间是关系性的还是绝对性的？（2）它们是平滑的还是块状的？（3）它们是有限的还是无限的？（4）它们是相同的还是不同的？在这之上，我还有第五个问题，一个从我的童年开始就困扰我的问题，尽管这个问题很少在哲学中被讨论：（5）我们为什么总是把空间和时间放在一起谈论，而从来不会加上第三个或第四个？"空间与时间"是一个适当的话题吗，或者我们应该用"空间、时间和 X"或"空间、时间、X 和 Y"来替代呢？这第五个问题甚至会成为引领我们进入其他问题的门槛。

这篇论文剩下的部分将会是我所想象的在死后留给贝亚特莉丝及其伙伴们的建议。我的策略是要向大家说明，空间和时间如何从物自身的结构当中涌现出来。这并不意味着我们就同意莱布尼兹而反对克拉克，因为物自身在这个争论中是中立的。无论我们把空间和时间看作关系性的还是绝对性的，两种情况中我们关心的都是行星、军队、蝗虫和马，这些物要么产生空间和时间，要么蕴于其中。

9.3 物对阵偶然状态、关系和属性

当"物/客体"[4]这个词在哲学中出现时，一般都和人类"主

---

4 object 一词在英文中既可以指客观物，也可以指对象意义上的客体。前者一般被认为和主体无关，而后者则必须依赖于和主体的关系。这两种理解大致对应于德语中的 Objekt 和 Gegenstand。——译者注

体"相对。这对麻烦的术语导致了一种对物／客体的极其贫乏的认识，这种认识必须被抛弃。这种抱怨可能听起来没那么有新意，因为成百上千的作者不仅对这种错误的主客二分表达了不满，甚至还号称已经突破了这种二分。他们将手放在胸前，郑重地发誓说，我们不能只谈人类而不谈世界，或不能只谈世界而不谈人类，而只能谈一种原初性的两者的互相依赖。通过这样的方法，他们认为自己终结了现代哲学的这个重要错误。然而，所有这些成百上千的拯救者完全都搞错了。因为即使当他们声称已经超越了人类和世界的分界，他们依然将这对概念完好无损地留在了哲学的中心，虽然现在变成了一个一体的对子。主体与客体真正的问题不是它们之间的距离（gap），距离能轻易地用钢铁、木头或仅仅是强力胶铸成的桥梁跨越。相反，真正的问题是人类和世界被认为是任何情况下必不可少的基础元素。因此，我们认为在哲学上，人类和苹果的关系要比苹果和树的关系、苹果和阳光的关系，或苹果和风的关系更重要。这些无生命的关系一般被抛到一边，留给自然科学琢磨，而哲学则把自己限制在狭隘的对人类和物的两分问题的思考上。目前大多数的哲学仍然保留了这种褊狭的区分，错误地把宇宙当成一个整体。这一界分是否被保留（康德）或者声称已经被克服（现象学）都无关紧要。关键在于没人会考虑其他的区分。但是，客体与主体之间令人心碎的对决或婚姻并不是最重要的。比这更基础的是在一个物和它的偶然状态、关系和属性之间的三重交互。因为我们处理空间和时间的方法依赖于这三种张力的确切特征，现在我要简要地把它们总结于此。

我会在最宽泛的意义上用"物／客体"这个词来指代任何具有某种统一实在性的东西。"物"可以指树、原子和歌曲，也可以指军队、银行、运动周边，以及虚构角色。有些物可能在通常外在物理存在的意义上是实的，但有些则不是。唐老鸭和一根大理石柱子一样都是物。也就是说，"物"跟传统的"实体"有不少相似之处，但也有明显的不同。过去很多哲学家把实体定义为世界上最小的、最简单的、最永恒不变的、最自然的或最实在的物。以物为导向的哲学从一开始就放弃了这种过时的标准。因此，我将给我5岁大的志气满满的学生总结以下5个简要的关于物的法则：

（1）无关相对尺寸：一个原子和一座摩天大厦一样都是物。
（2）无关简单性：一个电子和一架钢琴一样都是物。
（3）无关持久性：一个灵魂和一块棉花糖一样都是物。
（4）无关自然性：氦和钚一样都是物。
（5）无关现实性：山和幻觉中的山一样都是物。

让一个东西成为物的不是上述这些特征，而仅仅是因为这个东西是其所是，或者看上去像一个物。这将我们带回到一个物和它的偶然状态、关系和属性之间的基本张力。我们来思考一下我用于打字的桌子。尽管它挺干净，但这张桌子还是覆盖着一层灰，这些灰反射着阿姆斯特丹 1 月一个午后微弱的阳光。几个小时之后，桌子会被打扫干净，太阳会消失，让这张桌子显得完全不同。当这些发生的时候，我会说这张桌子不是同一张桌子吗？当然不会。我只会说，桌子的某些偶然性特征改变了，而桌子则是某个比这种短暂的、转瞬即逝的表面更深层的东西。

现在再来思考一下桌子相对于其他世界中的存在物的位置。这张桌子和门保持了一段确定的距离，它和鹿特丹与上海也保持了确定的距离。在其使用寿命的大部分时间里，这张桌子都属于这样一个世界，在那里生活着贝娜齐尔·布托（Benazir Bhutto）、埃德蒙德·希拉里爵士（Sir Edmund Hilary）、鲍比·费舍尔（Bobby Fischer）这样的行动者[5]。确实，他们如果来拜访的话，可能也会坐在这张桌子前。但由于最近上述名人纷纷过世，这张桌子现在和这个世界的其余部分处在不同的关系当中。当我略微移动这张桌子，或者当布托死于刺客之手，我会说这张桌子也不再是同一样东西了，仅仅是因为它所置身其中的网络发生了变化？胡扯。我会说这张桌子还是这张桌子，但是它

5　贝娜齐尔·布托为巴基斯坦著名政治家及总理，在 2007 年参与竞选集会时遇刺身亡。埃德蒙德·希拉里爵士是新西兰著名登山爱好者，其与尼泊尔夏尔巴人佃京诺机一道于 1953 年 5 月 29 日登上珠峰，是目前公认最早登上珠峰的人。鲍比·费舍尔是美国著名国际象棋大师，多次获得包括世界国际象棋大赛冠军在内的奖项。这些人名和本书中多处出现的各种地名、科学专业术语一样，关于它们的具体信息在作者的论述中并没有实际意义。——译者注

进入了和世界其余部分不同的关系当中。这张桌子不再是那张过世名人可以使用的桌子，但是这丝毫没有影响其最内部的实在性。

让我们来考虑一下这张桌子内在的属性。我这里说的并不是偶然地附着其上的一缕缕尘土或任意时刻随机地照耀着这张桌子的阳光的量。相反，我指的是桌子之所以是这张确切的桌子所需要的属性：类似于本质性属性（essential qualities）的某种东西，无论这是什么东西。在不完全变成另一个东西的情况下，桌子有一些特征不能丢失。关于哪些属性是本质性的，我们可能是错的，也可能不能达成共识，但这是另一个问题。有趣的是，这种情况和前面两种有所不同。我们似乎能够在不改变物本身的前提下，改变一个物的偶然状态和关系，但对属性而言则不可以，因为就定义而言，属性就是使一个物具有这个物特征的东西。如果说我们不能在改变一个物的属性时不去改变这个物本身，这并不意味着属性和物就等同了。毕竟，可以理解的、不同的物可以共享某些或大部分相同的属性。并且，物不仅仅是一系列属性的列表，而必须有一种组织原则，将它们以某种特殊的方式连在一起：即便是一"捆属性"也需要一种捆绑的媒介。这第三种对立确实要比其他两种更棘手，也更难以把握。但我们至少可以说，一个物是否能被仅仅看作一些松散地融合在一起的属性，是值得怀疑的。

诚然，这三种对立到目前为止还没有证据可以证实。我只是选择了一种近乎于常识的观点，即物不同于它的偶然状态、关系和属性。这并不是说常识就是证据了：常识相信很多愚蠢的东西，并且因为相信这些东西而付出巨大的代价。而且，我们不难找到否认上述这三种对立的哲学家。比如，阿尔弗雷德·诺斯·怀特海和布鲁诺·拉图尔就不区分一个存在物和它的偶然状态或关系，因为这两位思想家把一个物看成完完全全、方方面面都是具体的，而不是看作某种外面包裹了偶然性关系污垢而内部是钻石的东西。同时，对大卫·休谟和其他经验主义者们来说，一个物就是一捆属性，仅此而已。我的观点是，在这些问题上，这些哲学家是错的，而常识反而是对的。一个物并不是一种天衣无缝的融合，而注定是被其自身和它的偶然状态、关系与属性所撕裂的：一系列张力使得世间万物成为可能，包括空间和时间。以物为导向的哲学的任务，就是要更细致地描述这些区分，这个任务很大程度上要仰仗贝亚特莉丝和她的小伙伴们未来的学派了。因为我在地球上的时间就快结束了。

9.4 两种物

站在巨人肩膀上就是站在岩石上，无论我们对自己的天赋抱有多么谦逊的态度。我提名现象学作为 20 世纪哲学的基石。这并不是说这个学派没有毛病，或它目前的支持者正确地把握了关键的洞见，而仅仅是为了说明胡塞尔与海德格尔都属于近期做出决定性突破的哲学家行列。我认为现象学的敌和友都过于关注胡塞尔和海德格尔的一些边缘或不重要的特征，而错失了关键。现象学首先是一个以物为导向的学派，他们的核心遗产依然未得到关注。胡塞尔将其哲学建立在意向性对象之上，而海德格尔将其哲学建立在被遮蔽的实在物之上，这种实在物又被叫作工具，或者在晚期被叫作"物"。海德格尔将"对象"一词作为贬义词保留这件事无关紧要，因为他明显以另外一个名字参与到我们的话题中。只有把胡塞尔的对象和海德格尔的杂交在一起，我们才能获得一门关于物的新哲学的元素，也会开启一门新的空间与时间的哲学。

胡塞尔的现象学最好被理解为，在面对自然科学侵蚀的情况下，对哲学地位的巩固。对胡塞尔而言，所有对色彩或声音的物理解释都是次要的，因为这些都是从对因果机制的推断中来的，而不是直接被给予我们的。直接被给予我们的只有我们自己未加反思的体验。在日常生活中，我闻到面包，听到火车的呼啸声。这些体验先于任何化学元素的交换或声波与我的神经系统的交互，因为这些都只是理论。简言之，哲学应该把外在世界用括号框（bracket）起来，悬置那些关于我们自己体验之外发生了什么的判断，并且集中在对所给予的内容的纯粹描述上。我们已经说过人类体验是所有其他实在现实的基础，我们似乎到达了一种观念论。但恰恰在这里，胡塞尔的批评者和仰慕者都走偏了。批评者把胡塞尔看作不过是又一个观念论者而已，并且还不是一个多么原创的观念论者。我经常听到胡塞尔被描述成"一个没有那么有趣的笛卡尔"或者"一个没有那么有趣的康德"。让我们暂且不要考虑笛卡尔和康德是否算是真正的观念论者。这里更有趣的问题是，现象学是否只是先前观念论的一种重复。

答案是否定的。人们太过于关注胡塞尔对实在世界的悬置，而很少关注这种悬置带来的后果。所有人都知道胡塞尔在弗莱堡描述一个邮箱的故事。这种具体的描述在胡塞尔的著作中不多，但在他的很多后继者那里却有很多：特别是梅洛-庞蒂、列维纳斯以及林吉斯。这些更晚一些的人实际上说出了胡塞尔已经许诺的东西：对一个诸如事物、劳改营、黑色钢笔、鹦鹉和鲜花的具体对象做出一个具体的描述。现在，我们却发现在先前的观念论者那里，很难找到这类对可感物的描述，而大家却声称胡塞尔抄袭了他们，错误地认为胡塞尔不过就是重复了笛卡尔和康德的观念。之所以在现象学中能够做这种具体的描述，就是因为胡塞尔是一个关心意向性对象的哲学家。确实，他必须将任何外在世界中的黑色钢笔的存在悬置起来。他被迫要去忽略一个坚实的物理的邮箱和一个妄想症所幻想的邮箱之间的区别。但是，即使一个意向性对象被悬置了，它并不仅仅是被悬置。胡塞尔的观念论有这样一种奇怪的实在论特点，是有其道理的。其中的原因就在于意向性对象的顽固任性

（stubborn tenacity），这种特性永远都在抵抗着自我或绝对的认识行为对它的操纵。意向性对象最重要的部分就是它们不同于它们所呈现出来的侧显（profiles），邮箱比它在所有知觉中的具体肉身都要更多或更少。通过这一步，胡塞尔和整个经验主义传统对立起来，后者认为物不过就是一捆可感的属性。

回到胡塞尔对邮箱的讨论，我们可以从不同的角度和距离绕着这个邮箱，在一天的不同时段，带着不同的情绪来看它，甚至可以将它重新油漆，或加上装饰品。在一定限度内，我们不会觉得这些对邮箱的改变让我们看到了一个不一样的物。相反，邮箱作为我们的对象一直持续着，就算它表面的属性发生了翻天覆地的变化。这就跟经验主义学派完全对立了，后者嘲讽所谓的物不过是空洞的"我不知道是什么"（je ne sais quoi）的东西，这东西被盲目地当作存在物，用以解释为什么某些色彩或质地的可感属性经常看起来是相互依存的。胡塞尔在很少被阅读的《逻辑研究》第二研究里，颠倒了经验主义的教条，把属性归属给物／对象。我们并不体验到红的、闪耀的、冷的、滑的以及甜的，然后任意地把这些真正的属性融合到一个虚构的统一体中，像休谟所认为的那样。相反，我们体验到属性，就像它们是从某个潜藏着的物当中释放出来一样。对梅洛 - 庞蒂而言，一只苹果的红和血的红是不同的颜色，尽管它们反射的光的波长是绝对相同的。在先的不是属性，而是意向性或观念性的对象。如果在胡塞尔哲学中真的有一种"永恒的张力"，那一定不是在被悬置的物理世界和一个内在的现象世界之间，因为前者在他的思想中几乎不扮演任何角色。胡塞尔思想中真正的张力在内在领域当中，介于意向性对象和它们所释放出的属性之间。在先前的观念论中，我们无法找到这样的张力。错过了这种区分就是对现象学奏出的新声充耳不闻。胡塞尔持续至今的贡献来自他对意向性对象的探索。即使那些把他叫作观念论者的人（我自己也是）也不能否定，他的世界充满了物／对象。尽管它们不是实在的物理物，能损坏或烧毁它们旁边的物，但它们始终是不同种类的物。

现在我们来说说胡塞尔的仰慕者犯下的类似的错误，他们大多完全否认胡塞尔是一个观念论者。对这些主流的现象学家而言，意识的意向性已经足以超越主客二分了。毕竟，意识总是对某物的意识。凝视一支黑色钢笔，理论上让我超越了我自己，将我置于一个丰富的、与物本身所形成的互动关系的世界当中。这种论证的问题非常清楚。一旦我们悬置了世界，我们就丧失了一切和实在现实的关联，只剩下它向我们显现的样子。现象学家描述的黑色钢笔、松果、邮箱以及燃烧的教堂都是纯粹内在的对象，无论它们是否是意识的欺骗性产物。甚至在那些意向性对象确实对应于现实中的某物的情况中，我意识中的邮箱并不是那个被实在的风所吹打、防止实在的雪弄湿实在的包裹与邮件的邮箱。胡塞尔的悬置方法只能有一种名称，那就是观念论。意向性的另一种叫法是"内在的客观性"（immanent objectivity），但不存在诸如"内在的实在论""内部的实在论"或"给予给我们的物本身"的东西，不管这些说法变得多么流行。当一门哲学不允许两个非人事物在没有人类观看的情况下相互影响，那么诚实的做法就是管它叫观念论。

我们来总结一下。胡塞尔的仰慕者和反对者都错失了关键，因为他们都没能把意向性对象作为考察的重心。对胡塞尔的敌人而言，他只是一个观念论者，尽管这种观念论实际上并不是"只是"，其以物为导向的结构和黑格尔与费希特极为不同，就像它和恒河边那些伟大的神秘主义者不同一样。对他的拥趸而言，我们和意向性对象的关系声称足以让我们逃离观念论，尽管这种逃离并未发生。我们或许可以更宽容地说，支持和反对胡塞尔的阵营都只对了一半。他的批评者在认为他是观念论者这件事上是对的，而他的朋友在认为他将我们指向了对象物这一点上是对的。但是他的批评者认为这意味着"没有对象物的观念论"，而他的朋友认为这意味着"没有观念论的对象物"。两边都没能看到的是一种以对象物为导向的观念论的可能：并且不仅仅是可能，因为胡塞尔的哲学恰恰就是如此。让树、星星、风车、半人马和巫师都成为意向性对象的，正是它们都能够经得住对它们所显现的侧显的多重修正。我们讲了不少意向性对象。

另一种完全不同的物来自海德格尔的著作。在著名的工具分析中，海德格尔注意到，我们通常跟存在物的关系并非是理论性地注视着它们，而仅仅是依赖于它们。当我们的意识正忙于别的事务，工具存在隐退到沉默的背景当中。当我在打这篇文章时，我关注的是电脑屏幕以及出现在我脑海中的想法。然而，我同样也依赖于键盘，但这是我没怎么注意到的，同时也依赖于电脑的内部线路、几乎已经变得自动的英语语法，以及维持着我作为一个统一的生物存在的大脑和血细胞。我们把这些存在物叫作实在的（real）物，和意向性的对象相对，因为它们和胡塞尔描述的对象不同。首先，胡塞尔的对象并不被允许有任何在实在世界中的效力，而海德格尔的工具很明显具有这种效力：如果所有这些沉默的存在物（诸如键盘、语法或脑细胞）都失灵了，那么就会造成对这篇论文甚至作者致命的伤害。其次，海德格尔的工具隐退到黑暗当中，而胡塞尔的对象从头开始就总是在我们面前。确实，我们没法同时看到胡塞尔所说的苹果的所有属性。然而，作为整体的苹果一开始就在那里，作为一个顽固的存在，众多苹果的属性都被困在其中。我们直接看穿了各种目前可以被到达的属性，直接看到了作为一个整体的苹果。这就使意向性苹果和在其孤立实在性当中的苹果很不一样，后者隐藏到这样一种程度，以至于我们只能暗示它的存在。对海德格尔工具分析最常见的解读是一种实用主义的解读：所有有意识的理论都来自先前无意识的实践。这样，胡塞尔的显现表面现象学只能从属于海德格尔的阐释学现象学，因为所有东西都来自一个晦暗的背景，我们只能对物进行阐释，而不能清晰地触及它们。这都很有道理，但是这种解读完全错过了海德格尔的工具带来的真正挑战。我们从同意所有明确的关于物的理论或所有对物的知觉都会过度简化物出发。看一只苹果或者发展出一个关于苹果的理论意味着把它们还原为一种对其晦暗深渊的扭曲，这种深渊总是部分地被遮蔽。所有海德格尔主义者都会同意到此为止的论述。但是注意，我们对物的实践操作恰恰做的是一样的事情。如果关于氧气的理论将这种元素还原成一种在手性表面，我们对氧气的实践运用也一样，并且可能有过之而无不及。像所有其他的物一样，氧具有人体完全无法使用的属性，呼吸就是把氧还原成一种对它扭曲的、不完整的样子。因此，理论和实践都扭曲了物本身的实在性，都不足以决定物本身，即使在用它们达到实际功用的时候也不能。一些海德格尔主义者可能愿意走到这么远，但最多也就到这里了。

让我们退回去一些，把所有的海德格尔主义者永远地甩在身后（丝毫不会想念他们）。我们现在得到了诡异但无可避免的结论，所有的物也都对彼此做着这样的事。毕竟，就算火在消耗氧气的时候也会过度简化后者。这跟一种可能的关于火的灵魂和氧气的灵魂的泛灵论（panpsychism）无关。我们意识到，人类意识并不是一种特殊的用以扭曲的工具。实际上，所有两个物之间的关系都不能避免扭曲。这里，我们明白了为什么无数号称"超越主客二分"的弥赛亚们都还远远不够激进。问题不在区分。问题在于人类主体和非人类客体被错误地当作两个宇宙中无处不在的元素。这种"关联主义"（correlationism），我们如果用梅亚苏的这个精彩术语的话，不能告诉我们任何关于纸和火焰之间关系，或者海啸和棕榈树之间关系的东西，除非一些人类观察者在场，见证了这些交互活动。与之相对，当我们认为海德格尔的工具分析远远超出了海德格尔自己对其的解读，我们就会得到一个更加诡异的结论。宇宙的基础二元性并不是由主体和客体，或者此在和世界构成的，而是由物和关系构成的。海德格尔的工具是一个实在的物，它从所有关系中隐退，就像胡塞尔的对象是一个意向性对象，它仅仅在有人真诚地与这个对象接触时才存在。如果我闭上我的眼睛并睡去，意向性的苹果就消失了。但是就算我睡着了，并做起了梦，实在的苹果（假设我并没有仅仅是在幻觉当中看见苹果）持续地对所有在其周遭的物释放出它的力。

9.5 释放与偶然性原因

然而，如果实在的苹果以这种方式释放出力，我们仍然不知道它是如何做到的。实在物的关键在于，它们从所有关系中完全隐退，并因此也从所有种类的接触中隐退。我们或许可以谈一个苹果的部分的去蔽（unveiling），一种渐进地靠近苹果自身的方法。但是苹果任何"部分的"可见性都已经和苹果自身很不相同了，后者在不可见地深处默默运作。这就让关系性变成了一个重要的哲学问题。一个物能够和另一个互动接触就不再显得那么理所当然，因为每个宇宙中的物似乎都会隐退到私人性的泡泡当中，相互之间不可能存在联系。同样的问题出现在偶因论哲学传统当中，尽管有不同的原因。对中世纪以来伊拉克的偶因论者而言，被创造的实体因为渎神的困扰，并不具有交互互动的能力，因此必须要让上帝在任何两个需要接触的物之间承担中介的作用。这种解决方案的最大问题就是任意地赋予了一种至高的存在物，上帝，它是一个从所有其他物当中隐退的关系性力量。这就躲避了如何发生的问题，藏到了真实信仰的幕布之后。就算如此，我们现在所面对的物的问题却正是和值得尊敬的偶因论者相同的问题。因为经验告诉我，很难将"偶然性原因"这个词从其神学的语境中解放出来，我决定用"间接原因"取而代之。间接原因的关键就是，我们不应该挑一个物，给予它超级存在物的魔法力量，来触碰其他不具备这样的力量的物。相反，我们必须找到某种方式，将间接因果放到每一个存在着的存在物的结构当中。这里，我只能强调，实在的存在物和其现象的显现保持着绝对的距离，和其他的存在物亦是如此。

当我们讨论胡塞尔所描述的意向性对象时，情况就很不相同了。这些对象完全不会隐退，由于两个不同的原因。一方面，它们不会对我遮蔽它们自己。我确实永远没法同时看到一座房子的所有面和角度，但是这并不意味着意向性的房子从我的视野中隐藏了起来。确实，实在的房子永远都会从任何同我的接触中隐退。但是，意识现象中的意向性房子不会，即使它从来不会同时一下子展现出所有可能视角下能看到的属性。因为这个房子在我开始探索它的时候就已经在我眼前了。我的探索是我对这个房子的探索，除非我发现自己认错了对象，实际上看到了别的东西。因此，意向性的或现象的对象只要我足够严肃地对待它们，都是直接呈现给我的。另一方面，我的意识中从来都不只有一个意向性对象，而是有很多。我在看到一棵树的时候，同时还会知觉到周围的草、云、狼、鼓声和臭味。意向性对象具有连续性（continuity）的特征。也就是说，意向性对象不会完全隐退，因为它们是被同时向观看者集结起来的。

但是必须加上一个最重要的附加条件，虽然我没有时间在这里展开了。我们必须区分实在物和意向性对象。意向性对象通常被看作是属于意识的，甚至一般被局限在人类身上。因此，与意向性对象的遭遇或许可以被看作是一种第一人称的心理学体验。但事实上，意向性对象远比意识体验的对象要基础得多。虽然我们目前为止所有的意向性对象的例子都是从人类意识领域中来的，但这并非是必须的。我们还没有声称知道意识是什么，或者我们为什么要这么做才能明白意识是什么。回想一下意向性有两个基本特征：一是，它关注意向性对象；二是，这些对象被一团偶然性的云团所包裹，这些云团无尽地变换，但不会改变意向性对象本身。现在，我们注意到，无论多么让人惊讶，这两个特征即便是在无生命的物的相互接触当中也是成立的。如果我们想象一颗桌球撞击另一颗桌球，我们无须采用泛神论的立场，认为塑料球都有意识。但一颗球还是必须把另一颗球作为一个对象来遭遇。否则的话，它们之间就不会存在任何的屏障，它们就能直接穿过彼此，互不干涉。（认为球能够遭遇没有肉身的属性这种观点已经被反驳了。）然而，根据定义，它不可能遭遇到实在的球，而只能以某种具体的偶然性样态遭遇这颗球：比如，一个特定的温度，即使有一定的波动，都不会影响一个作为球的球。我们可以在别处继续讨论这个问题，但结论是：意向性对象不仅仅属于珍贵的人类意识领域，而是属于任何两个物之间的任何交互接触。我们不再管它们叫意向性对象，而简单地叫作"图像"（images）或"拟像"（simulacra），这样就能够显得不那么笨重，且不那么具有心理学的意涵。

我们现在必须再完成奇怪的另一个步骤。胡塞尔注意到意向性中的矛盾，即它既是单数的又是复数的。一方面，知觉者和一张椅子的关系是一：这是一个单独的、可以在事后由晚些时候的意识，甚至另一个在观察和描述的人做出分析的关系。这使这种关系成为宽泛意义上的一个对象，它具有统一的实在性，没有任何外在的观察能够穷尽。但另一方面，意向性又是复数的，由于很显而易见的原因。如果我把所有我见到过的椅子和蜡烛都完全融在一起，那么就会存在单一的统一现象，而无须两个不同的名称。我必定会严肃地对待在我之外的某个东西，因为我会直接和这个物相融合。一个诡异的结果就是，蜡烛和我是两个分离的存在物，但居于一个更大的包含了我们二者的存在物当中，即关系统一了我们。一整门哲学将从这个命题展开。但是，目前这篇论文关注的是空间和时间，因此我们得回避这个额外的话题。我们此刻要说的如下。世界只由两种元素组成：物和他们的内部 (interiors)。这些内部遍布着意向性对象，也就是我们称为图像或拟像的东西。但是我们也能看到，这些物从不接触，因为它们隐退到各自孤立的修道士式的真空当中。但在物的内部，发生着一些事情。在这里，一个物（比如一个人类观察者）真诚地对待图像，同时众多图像聚集在其周围，每一个都被包裹了无数的偶然性表象。关于这个问题还有更多值得被讨论的，但是为了回到空间和时间的话题，这些足够了。

我们开始时说，以物为导向的哲学区分了物和其偶然状态、属性和关系。我们已经看到物和其偶然状态的区别在意向性对象中的展开：偶然状态仅仅对意向性对象的知觉者存在，无论这个知觉者有无生命。我们与一条河、一座磨坊、一匹驴或一个小丑的遭遇，都不能直面它们赤裸的纯粹本质。所有这些都反射出短暂的光芒，看上去像是在复制某种转瞬即逝的情绪，这些都不重要，因为这些都能改变，而不会改变这个物。我们已经说过一个物在任意时刻具体的侧显（从这个或那个角度与距离看到的房子）是如何看上去是从物当中释放出来的。这种新柏拉图主义术语的回响是故意为之的。但是和新柏拉图主义不同，后者认为释放所产生的是一个跟理型相比没有那么真实、没有那么善的东西，色彩和气味的表面从一个意向性对象中释放出来，比不过其众多肉身化的在场，因为我们可以抽离出这些包裹而不必改变物本身。在这里，我们有了第一个释放的场所，一种实在性很显然从另一种当中释放出来。这是一种在感觉领域当中的横向释放，其中的张力在于人类知觉的内容，虽然并非只有人类知觉。但同样存在第二种释放，一种垂直的释放。我们已经知道一个实在物从其所有关系中隐退，呆在比它们更深的地方，不被它们察觉。然而，在被遮蔽的地下的树和其对其他物（譬如人）而言的图像之间存在着一种关联。在这两种情况中，都存在一种介于一个物和其呈现样态之间的张力。我们或许会说，一个城市的天际线释放出（或者"表达出"，德兰达 [DeLanda][6] 会这么说）具体的偶然性侧显，通过这种侧显我们得以在任意时刻将它识别出来。在另一层意思上，我们会说一个实在的锤子释放出锤子 - 图像，而它正是通过这种图像与其他物遭遇。第一种释放，是从意向性对象到偶然状态，而第二种释放则是从实在物到意向性领域。

6　此处的德兰达应该是指美国哲学家曼努埃尔·德兰达。——译者注

现在我们到了这篇文章的中心论点：从意向性对象中释放出来的偶然状态就是时间，而从实在物中释放出来的意向性对象就是空间。空间和时间既不是空的容器（克拉克），也不是由物之间的关系所生产的（莱布尼兹），而是某种稍微区别于莱布尼兹立场的东西。我们从空间开始。太过字面地读莱布尼兹并认为空间只产生于物之间的关系是错误的。因为空间同样也是物之间非 - 关系（non-relation）的场所。如果空间仅仅由关系构成，我们就有了一个系统的网络，其中每一个物都被它和其他所有物的关系所定义，而宇宙则会是一个向同质化关联的单一块状物。这个块状的东西没有给任何诸如空间的东西留下位置，按照定义，只存在一个位置：那就是作为整体的块状物。任何企图充分描述空间的想法都将承认，空间涉及物的关系，但这些物并不完全相互联系。换言之，实在物面对彼此的同时隐退以及它们拟像之间的部分接触就是空间。空间并不是使这个物的网络成为可能的东西，这个网络也不是空间的"可能性条件"。相反，空间本身就是物的相互的外部性（mutual exteriority of objects），以及它们图像之间的部分接触，无论这是如何发生的。因此，空间不是关系，而是物和它们关系之间的张力。如果莱布尼兹拒绝将单子同知觉等同起来，他就会到达我们现在提出的这个立场。

相似的，将意向性对象和它们的偶然状态联系在一起的释放就是时间。我们必须注意，时间的两个不同面向经常被混在

一起。存在一种对时间的理解，它被想象为一系列一个接一个
展开的瞬间，柏格森正确地将这种"时间"的形式同空间等同
起来，而闵可夫斯基和爱因斯坦也似乎一样正确地（就我们所
知的）把这种时间形式融进更广的四维时空。我们在这里无须
考虑这些物理学的问题。跟我们有关的时间形式能在时间流逝
的感觉中被找到。这是一种连续性的感觉，而不是一系列离散
的点串成的，就像粘土动画一般。如果我盯着一棵树看，同时
阳光和气味在其周围高速盘旋，而这棵树对我而言还是同一棵
树，我们于是有了一个很好的时间体验的例子。因为这仅仅涉
及偶然性表面的特征，我们能看到时间本身没有发生变化。也
没有任何可以幻想时间旅行的理由，因为时间根本就没有"箭
头"。时间，在这篇文章的意义上，来回往复，但完全不发生
变化：根据定义，时间是纯粹偶然性的。谈论穿越回到1989
年其实就是在谈论回到当年处于主导地位的物的体系。但这些
物种的很多都已经被摧毁了，而这是无法逆转。无法逆转的
原因就是，两个物联合产生出第三个物，并不必然意味着这第
三个物能降解为诞生它的两个物。这种不对称性并非来自时间
（时间恰恰是完美对称的）而是来自物本身。

　　换种说法，空间是部分相连物的相互外在性，而时间则是
物本身的内部。时间是从意向性对象中来的偶然状态的释放，
而空间则是从实在物中来的图像的释放。物和偶然状态的差别
带给了我们时间，而物与关系的差别带给了我们空间。因为我

们说过两个物只有在第三个物的内部才能相互关联，由此可以得出，存在着无数的时间，每一个都在某种真空的空间内部展开。这里，我们发现了一门全新哲学的素材。

但是警惕的读者会想，我们的第三种介于物和它们内在属性的区分究竟怎么了。这些内在的属性也可以被描述为本质性属性（essential qualities）。如今，成千上万的人联合起来蔑视这种本质，但是这种蔑视是没法辩护的。一旦我们接受了物超出了一切与其可能的关系，我们就会知道它具有独立的实在性。一旦它具有这种实在性，它就必须是具体的，不然所有的物就都一样了。因此，我们没法避免本质的概念。然而，这并不是说就不存在往常同本质联系在一起的危险了。我们不需要说本质是永恒的，它们是不变的，它们把人安排进严格的、由自然定义的社会角色当中，它们是上帝创造的自然物种，人类知识不能完全把握它们，甚至有些人（譬如德国人、希腊人、白种男人和哲学家）比其他人（诸如罗马尼亚人、犹太人、非白种女性和工厂工人）更接近人类的本质。为本质辩护并不是要通过反对派搞一个阴谋。这种辩护不过是要坚持，物无法被它们和其他物的关系所穷尽。如果要采取相反的思路，那我们就必须像怀特海和拉图尔那样，采纳一个更加激进的关于关系的形而上学，而我上面已经拒绝了这种做法。

无论如何，一个物和它属性之间的张力也是一种释放的形式。本质性属性在这里看上去也属于物，但是并不与之同一，即使它需要这些本质性属性。这就意味着，我们的第五个关于空间和时间的问题已经被回答了。空间和时间不再单独存在。它们通常被当作宇宙中独特的国王和王后，没有对手，即使一个被理解为是三维的，而另一个则不是。但通过从物的方向靠近空间和时间，我们得以重新将它们定义为物的释放。这向我们指明，在我们的地图上存在未被占据的空间，在那里我们可以找到第三种释放：就像好的物理学能够预见未知的粒子种群，或者像门捷列夫（Mendeleev）的表格能够预见还未被找到的化学元素一样。第三种释放伴随着时间（物 vs. 偶然状态）和空间（物 vs. 关系），它是一个物和其属性之间的释放性张力。并不令人惊讶的是，我们没法像接触时间和空间那样，直接接触这种张力，因为本质只能在一个晦暗的地下才能展开，它在那里不和任何其他物接触。正如我们所知，一个物和其属性之间的张力，在传统上一般被称为本质。我们不应该去谈论关于空间和时间的哲学，相反，应该去讨论空间、时间和本质，这样一种三元的相互关联的东西。我在前面引用了五个关于时间和空间的传统问题。以物为导向的方法已经能让我们蹒跚地跨过对第五个问题的回答，这也是对我而言，自童年以来最亲切的问题，即空间和时间不再被单独处理，因为本质的问题和它们处于同样的地位。不管是否有第四种释放，某种被错过的、具有追溯力的、介于意向性对象和实在属性之间的释放，这会是一个棘手的问题，我们只能留着等在其他场合再谈。[7] 但是一旦空间和时间被重新定义为释放，我们就明白了本质跟偶然状态和关系处于相同的地位。在所有这些情况中，我们都在与一个附着于物但又不同于物的实在性打交道。现在，我们或许会想，以物为导向的哲学如何能帮助我们理解关于空间和时间的另外四个问题呢。

9.6 结论

第一个问题是，空间与时间是否是绝对的无须内容的容器，或它们是否仅仅产生于物之间的关系。我们已经触及这个问题的新的解决思路。时间被描述为一个意向性对象和其偶然状态之间的张力，而空间被定义为实在物和其在与其他物遭遇时显现出的被扭曲的样子之间的张力。实际上，以物为导向的模式对莱布尼兹和克拉克之间著名的争论，很大程度上持中立的态度。我们发现空间产生于物之间关系性的（以及非关系性的）张力，这在一定程度上延续了莱布尼兹的思路。但时间则在无数物的内部展开。在后者的意义上，克拉克和牛顿的观点也能被支持，尤其是他们认为，存在着无限的空间容器，而不是只有一个巨大的、等同于整个宇宙的容器。每个物都创造了其自己的内部空间，并且实际上也创造了自己的内部时间，其间点

---

7 仅仅几个月后，我就采纳了胡塞尔的术语"eidos"（艾多斯）来填补这个空缺。

缀着图像和其偶然状态之间的斗争。

第二个问题是，空间和时间是连续的还是能被打碎成一块一块的。以物为导向的模式认为空间能够被打碎成无数分离的位置，它们之间的互动则带来了一个严峻的问题。但一个物内部的生命是连续的，充斥着一系列偶然状态，这些偶然状态发生各种变换，但都不会改变底下那个暗含的意向性对象。某种意义上，这种理解支持了柏格森企图量化空间但避免量化时间的想法，但这并不意味着量（quanta）的领域只是人类抽象出来的一种幻象。空间本身是可以被量化的，因为它就是关系性/非关系性的物的体系，即使它们会隐退到各自的真空当中，它们还是部分地被联结在一起。而时间本身是一个连续统，因为任何时间都能够被持存的支柱（意向性对象）所充实，这些支柱被包裹在无数偶然性变换当中，这些变换只在一定限度内进行，而不会改变它们所包裹的图像本身。

第三个问题是，空间和时间是有限的还是无限的，这是一个康德声称无法回答的问题。这个问题能被分成三个问题：空间的部分、时间的部分，以及"不能回答"的部分。我们稍微调整一下顺序，从简单的开始一一解释。

（1）"时间是无限的还是有限的？"在以物为导向的模式中，时间只能在物的内部展开。只要物存在，时间就存在。因此，我们可以换个问法："物必须永远存在吗？"虽然答案还不是很清楚，但以物为导向的模式，通过坚持一个能够不为表面波动所影响的内核，似乎倾向于一种惯性 (inertia) 原则。一个物不会从宇宙中消失，除非有一个让它消失的原因，但即使一个物被这种原因摧毁，它也只是会分裂或破碎成不同的残余物，而不是掉进一个非存在 (non-being) 的无底洞。如果这种立场是对的，那么物就必须永远存在，因此时间也必须永远存在，因为它只是物融化的内核。

（2）"这个问题能被回答吗？"康德对这个问题采取的不可知论态度是一种错误的谦虚。因为，即使他表达了自己对世界本身的空间—时间特征的无知，他对现象界却非常肯定：所有的表象都必须在空间和时间中发生，它们是纯粹直观的先验 (a priori) 形式。这种观念对空间，比对时间更加不公正。以物为导向的模式认为空间根本不是被"直观到" (intuited) 的，而仅仅是被推断 (inferred) 出来的。如果时间是一个意向性对象和其偶然状态的张力，这种释放完全在感性领域当中展开，因而能够被直接直观到。这就符合我们的日常体验，因为感觉上时间在流逝，而不是体验到分离的、雕塑一般的、电影画帧一样的序列的连续运动。我们的知觉领域很容易被看作一个二维的全息影像，婴儿似乎就是这样去对待的，伸手要月亮或者远处的树，就像它们跟身边的玩具一样近似的。虽然我知觉的不同区域间确实存在着一定的"距离"，但在另一个层面上，我的整个知觉恰恰在一个同样的位置上，因为所有的东西都对现在的我在场。但是，真正的空间性概念在于这些物从我的知觉中隐退，并且这只能被推断出来，而意向性对象和它们偶然状态之间的释放并不需要推断，是直接感受到的。

（3）"空间是有限的还是无限的？"这个问题实际上跟康德分开处理的两个东西有关。一个是小贝亚特莉丝的问题，即宇宙是否会永远存在下去。另一个问题则是，空间能否被打碎成无限小的区块，或者能够找到某种最终的极小的原子层面，以至于不能再被继续打碎。关于可能的无限回退的问题必然伴随可能的无限进步的问题。两个问题在某种程度上都是难以理解的，但它们至少能够被我们用以物为导向的术语重述出来。我们的模式看上去似乎支持一种无限回退，这种回退既比有限回退（一种关于实在的原子论）要好，也比完全没有回退（一种认为唯一的实在就是可以到达的实在的观念论）要好。如果每个物都需要一个本质以区别于其他的物，而每个本质又都是多重的，那么每个物就很可能会有部分，部分的部分，直至无穷。但在另一个方向上，这种无穷似乎就不是必须的。即使我们有理由认为每个物都由其部分组成，这也不能得出每个物都必须是一个更大的物的一部分，就像一个有父母的小孩不一定得自己也变成父母。很可能，宇宙边缘处有无数的没有小孩的物[8]。但如果是这样的话，宇宙之外有什么呢？虚无？答案并不清楚。

8　即宇宙边缘可能存在着没法再被细分的物。——译者注

现在，我们转向第四个问题，尽管已经没什么可说的了。对闵可夫斯基和爱因斯坦而言，时间和三维空间可以被看作一个统一的四维时空（spacetime）。通过把时间处理为一种体验，把这种体验当作意向性对象和它们偶然状态间的释放，一个并非相对主义的实在的领域，以物为导向的方法一开始回避了这个问题。然而，这种回避不应该继续下去。假设时间真的如这篇文章所描述的那样，和空间不相容，那么物理学通过将时间和空间理解为一个思维连续统，从而向前迈出了一大步这件事，依然足以令哲学家感到格外惊异。

这篇文章中的一些想法，随着作者逐年的反思慢慢变得更加可信，而另一些想法依然让人感到困惑。然而，即便是这些让人困惑的想法也能达成一个目的。从一个新的角度进入空间和时间的问题，我们避开了哲学中现存的战壕战，或许还能在未来某个时间点鼓舞贝亚特莉丝及其小伙伴们的斗志。最近哲学上犹豫不前的不可知论，其对人类到达世界这种乏味问题的痴迷，都应该被一门出手阔绰的关于物的形而上学取代。档案精神可以被赌博精神取代。

10. 社会集群理论 (2008) [1]

我于 2008 年 11 月 8 日,在挪威的斯塔万格 (Stavanger)作了这个讲座。这次会议的名称为"德勒兹 2008: 敞开的德勒兹" (Deleuze 2008: Deleuze in the Open) ,是斯塔万格与利物浦 (Liverpool) 一道作为当年欧洲文化首都的系列活动中的一环。组织者阿尔内·弗雷德隆德 (Arne Fredlund) 邀请我参加会议,以替换不能参会的曼努埃尔·德兰达 (Manuel DeLanda) 。因此,这篇文章最合适的主题莫过于德兰达本人。

"集群理论"是曼努埃尔·德兰达给自己最近在做的工作起的名字。[2] 这是一个不局限于人类集体社群意义的社会理论,它提出所有存在物都是微小的组成部分集聚而成,但它们并不

---

1 assemblage 一词最初由德勒兹和加塔利在其大作《千高原》中提出,在姜宇辉的中译本《资本主义与精神分裂(卷 2):千高原》(德勒兹,加塔利,《资本主义与精神分裂(卷 2):千高原》,姜宇辉译,上海:上海书店出版社,2010 年。)中,他将这个词译为"配置",虽然切中了该词内含的动态特征(agencer),但失掉了这个术语的名词性本质。译者认为,assemblage 在作为动态的对元素的配置行为的同时,更是一个能够被看作存在物的对象,这种理解也更接近德兰达和哈曼对这一术语的认识,因而选择将其译为"集群"。——译者注。

2 参见 Manuel DeLanda, *A New Philosophy of Society*. (London: Continuum, 2006.)

溶为一个无缝的整体。集群理论是一种全面发展的本体论，并且是一门优秀的本体论。一旦我们思考了德兰达关于宇宙模式的诸多论点，思辨哲学的很多关键矛盾就会突显出来，这就是一个强大的哲学理论最好的征兆。今天，我将要探讨一下这一模式的四个核心要素：其对实在论和集群的双重认可，以及其对本质和线性因果的双重批判。每一个话题都有其紧密相关的对子。德兰达的实在论将他引向了一个虚拟性理论 (a theory of the virtual)，他的集群理论内含了涌现 (emergence) 的原则，他对本质的批判支持了历史性的生成 (historical genesis) 而非完全成形的个体，最后，他对线性因果的批判认为某些因素催化了 (catalyze) 交互互动，而非机械地生产了它们。在这篇论文中，我会简要概述德兰达是如何处理这八个主要话题的：实在论、虚拟物 / 界、集群、涌现、本质、生成 (genesis)、因果，以及催化。对线性因果的批判会直接影响开放性宇宙的问题，这也是本次会议的主题。

"集群理论"是对德兰达著作中诸多主题最好的概括，集群还带来了德兰达和其他人必须要解决的新问题。但我的报告旨在给出一个较为正面的评价，因为他的书是我在最近的哲学著作中最喜欢的。我们从一个简短的对四个主要地标的概述开始。

第一，德兰达公开声称他自己是一个实在论者。他说得很直接，而且经常这么说，所以我们很难读出别的意思来，但即使在他的拥趸中，实在论也并不受欢迎。虽然对分析哲学家而言，实在论一直都是一个值得尊重的选择，德兰达是少数几个在没有被逼的情况下自我声称是实在论者的欧陆倾向的哲学家。海德格尔显然没有这么做，胡塞尔或者梅洛 - 庞蒂也没有这么说过。德里达和福柯宁可去死也不会管自己叫实在论者，虽然福柯预设了一种"唯物主义"。就我所知，巴迪欧从未将自己称作实在论者，齐泽克也没有，德勒兹和加塔利亦没有。布鲁诺·拉图尔确实时不时公开号召我们需要实在论（特别是在《潘多拉的希望》[Pandora's Hope] 一书中），但仅当我们对实在论的意思进行极大的改动与重新定义的情况下。如果我们不考虑年轻一代的欧陆哲学家，那么只有德兰达直截了当地声称自己是实在论者，且不带任何讽刺。实在论通常会被诬蔑，被挂上不应得的形容词，以"幼稚"（或朴素）实在论的形式出现，这个短语看上去只是某一个实在论类别的名字，但实际上暗示了所有实在论都是幼稚的。不管德兰达是否被认为是幼稚的，他的实在论并不像昔日那些乏味的实在论一样。传统实在论设想由物理固体构成的干枯大地和一个无聊的人类我思（cogito）形成对子，后者具有特殊的天赋和义务来与前者沟通，而在德兰达提供的实在论中，实在现实从未完全被实现，即使是在物理学的领域里也一样，更不要说我们的意识了。他将这种思维模式和德勒兹的"虚拟"（virtual）联系起来，并经常使用这个概念。但它可能跟罗伊·巴斯卡（Roy Bhaskar）的"不及物"（intransitive）领域更为接近，德兰达大方承认，也受到了后者的影响。

第二，德兰达认为每种存在物都是一个集群。这就是说，没有一个物是无缝的整体，是能够完全吸收它的组成部分的，并且这还暗含了一种对现实实在无法还原的思维模式。我们没有理由声称一个夸克或电子比挪威、北约组织，或国际德勒兹研究社群更加实在。也不存在一个终极的层次，由极小的微观粒子构成，且所有宏观存在物都能被还原到这些微观粒子。无论我们看向哪个地方，存在物就从其他的存在物那里被集结过来：从外面来看，它们可以被当作统一的物，然而它们始终是由众多独立组成部分聚集在一起而构成的一个庞大集合。这也意味着，德兰达相信有真正的涌现。我们不能通过描述其最微小的物理构成的行为来取消更大的存在物。

第三，德兰达反对所有本质的形式（他在这里和巴斯卡分道扬镳了）。他不仅拒绝一个存在着完美理型(forms)的异世界，也拒绝亚里士多德对本质的"分类"版本，其中有一定数量的自然类别由一定数量的存在物所表征；查尔斯·达尔文（Charles Darwin）通常都是这里的反驳证人，德兰达如我们所期待的将他召唤出来。然而德兰达比这走得更远一点，对为什么没有一个个别物具有本质这件事提出了另外两个关键的原因。一个原因是，他最终对存在物的理解是柏格森式的，他将存在物认识为历史性生成的过程，这个过程没法在一个特定的时刻被把握住。不存在一种自然种属叫氢，而只存在一个有巨大数量氢原子的集合，每一个原子都有其各自特殊的、开始于各种恒星内核的生命历程。另一个原因是，在他看来（在他 2002 年关于德勒兹的书中格外显著，但到 2006 年有所式微），实在性属于一个连续统（continuum）而不能被量化成一块一块的。这也使任何本质都无法拥有稳定的、独特的轮廓，因为本质必然会融入与其相邻的可能性当中。今天，我会反驳这两种观点，并试图把德兰达的集群（理论）推向一个不同的方向。

第四，德兰达让人惊讶地承认了老掉牙的线性因果的存在，但是他认为这种理解不如他提出的催化。香烟并不会让每一个抽烟的人得癌症，同样，并非所有肺癌患者都曾吸过烟。因此，香烟必须被仅仅看作是导致癌症的催化剂。在德兰达眼里，这足以挑战传统的因果决定论。但是我认为这仅仅说明线性因果很难被人认识，而并没有反驳对其核心机制的理解。我还会提出，德兰达需要一种更加诡异的关于因果关系的讨论，这将让因果变成一个让人无法抗拒的谜。

10.1 实在论

每个思想家都会用一些可以被修正甚至在必要时被牺牲掉的关键术语，而其他的术语则被当作生死攸关的东西。对德兰达而言最生死攸关的术语当中，有一个便是"实在论"，这个词在如今的欧陆哲学圈子里很不受人欢迎。确实，实在论 / 观念论的区分通常轻蔑地认为不过是一种俗气的假问题罢了，是早就作古的东西。但德兰达不这么看。用他自己的话来说："有些哲学家给予实在现实完全的独立性，独立于人类的意识……这些哲学家被认为持有一种实在的本体论（realist ontology）。德勒兹就是这样一个实在论哲学家，这就让他从大多数后现代哲学家中脱颖而出，后者基本上都是非实在论者。"[3] 作为对德勒兹的一种解读，我们或许可以出于各种理由轻易地拒绝或忽略这种看法，但这并不重要。因为就像德兰达自己说的："那些认为这里发展的不是严格意义上德勒兹自己的理论的读者，你们可以管它叫'新集群理论'、'集群理论2.0'或其他的名字。"[4]

重要的是，德兰达把后现代哲学看作"基本上是非实在论的"，但同时又自己诚恳地站在了实在论者的位置上。对德兰达而言，"实在论"最起码应该指实在现实独立于人类意识。因此，他最初就区分了是其所是的实在和在人类意识中显现的实在。人类对实在的达及是一种翻译、扭曲、转换、简化或是对它的删节。对德兰达来说，即使是对那些必须要求人类存在的实在部分，这也是成立的。一个好的例子就是人类社会，他这么写道："尽管社会存在物明显不是独立于意识……一种实

3　Manuel DeLanda, *Intensive Science and Virtual Philosophy*, p. 4. (London: Continuum, 2002.)

4　Manuel DeLanda, *A New Philosophy of Society*, p. 4. (London: Continuum, 2006.)

在论的社会本体论方法必须要提出社会存在物独立于我们对它们的理解和认识。"[5]创造某个东西并不意味着看到了其深处，我们生孩子不是为了把他们冲到渣土堆里，而是为了把他们放归世界，像野狗一样，不再受我们的控制，并经常超出我们的认识。

然而大多数实在论都有一个问题。这个问题不是实在论是"幼稚的"（譬如一种愤世嫉俗的实在论就更好了？）。相反，问题在于实在论经常太过狭隘。无论我们否认物自体存在于人类 / 世界的关联之外，还是坚持这种意识外的实在性（extra-mental realities），无尽的争论始终围绕着人和世界这对让人沮丧的概念。这两个词之间的关系被当作是能够打开所有本体论奥秘的魔法钥匙。德兰达最重要的贡献之一就是他避免了这种让人窒息的人类 / 世界的对决。对他而言，实在论不仅意味着从人类意识独立出来，它还意味着从任何可能的实际实现（actualization）中独立出来，无论有没有人类在那边观察。和一个实际实现的物穿过具体时空点的实际轨迹相反，德兰达提出了奇点（singularities）或引力因子（attractors）这两个著名的概念。实际实现的、可被察觉的存在物的行为都受控于一个永远不会被实现出来的实在性。用德兰达的话说就是：

5　Manuel DeLanda, *A New Philosophy of Society*, p. 1. (London: Continuum, 2006.)。强调为我所加。

众所周知，轨迹（在状态空间 [state space][6] 中）总是渐近地（asymptotically）靠向一个引力因子，也就是说，它们无限接近但是绝对不会碰上。意思就是，不像表征物在世界的实际状态的轨迹，引力因子从来不会被实现出来，因为轨迹不会到达引力因子本身。正是在这个意义上，奇点仅仅代表了一个系统长远的倾向，而永远不是它实际的状态。[7]

这些"奇点"似乎垄断了世界上所有的因，因为德兰达注意到一个轨迹的实际行为"不是由其之前的状态决定……而是由引力因子自身的种类决定的"。[8] 如我们所知的，德兰达把这种实在引力因子的状态描述为"虚拟"（virtual），并且引用了德勒兹的《差异与重复》：

虚拟并不是跟实在相对，而是跟实际 / 实现（actual）相对。虚拟完全是实在的，只要它保持虚拟……确实，虚拟物必须被严格定义为实在物的一部分——就像物的一部分在虚拟界当中，就像是进入一个客观的维度……虚拟物

6　在天文物理学中，状态空间指系统全部可能状态的集合。——译者注

7　Manuel DeLanda, *Intensive Science and Virtual Philosophy*, p. 29. (London: Continuum, 2002.)

8　Manuel DeLanda, *Intensive Science and Virtual Philosophy*, p. 35. (London: Continuum, 2002.)。强调为我所加。

的实在性由差异性元素和关系，以及与它们关联的一系列单独的点所构成。虚拟物的实在性是结构。我们必须避免给予这些元素和关系一种实际实现的结构，它们并不拥有这种结构，同时也要避免从它们当中摄取某种实在性，它们也并不拥有这种实在性。[9]

德兰达以肯定的态度引用了这些话。但是某种张力出现了，这种张力不只和德勒兹或德兰达相关，和很多如今方兴未艾的本体论方法也相关。

这种张力最好地体现在德兰达对"杂多"（multiplicity）一词的使用上，这个词作为关键术语出现在他2002年的专著《强度科学与虚拟哲学》（*Intensive Science and Virtual Philosophy*）中。在打下了不少基础之后，他把杂多定义为"层叠在一起的一系列矢量场（vector fields），这些场通过打破对称的分叉（bifurcation）互相关联，同时根据引力因子的分布，定义了每一个嵌入的层级"。[10]我们不需要在这里厘清所有困难的术语。我们只需要关注杂多定义中模棱两可的地方。

一方面，杂多由嵌套着的一层层引力因子构成。和这些"嵌套着的"引力因子本身一样，杂多作为一个整体从来没有被实

9　Deleuze, *Difference and Repetition*, pp. 208-209, 引自 Manuel DeLanda, *Intensive Science and Virtual Philosophy*, pp. 30-31. (London: Continuum, 2002.)

10　Manuel DeLanda, *Intensive Science and Virtual Philosophy*, p. 30. (London: Continuum, 2002.)

际实现出来。这就是说，杂多不光超越了人类对其的意识，相反，它还超越了任何一种实际实现。不论发生了什么，不论接触到什么，我们都没法公正地对其做出评价。布鲁诺·拉图尔声称一个存在物就是它所"修改、变换、打扰或创造"的东西[11]，而对德兰达而言，这些都只不过是实际实现而已。他的引力因子、奇点、虚拟性、实在性、杂多始终包含了更多的东西。如果拉图尔是终极的关系哲学家，对他来说一个物没有什么"偶然性"的显现，而是彻底地、与此时此地其所有具体的特征绑定，那么德兰达就是一个颠倒过来的拉图尔：杂多是非关系性的，并且强硬地维持它们自身，无论它们的关系是什么。这就已经体现了其理论对老旧的（其实并不要紧的）人类/世界界线或非界线的超越，因为德兰达的引力因子比它们的实际实现要更深层，即使周围没有人在看着它们。通常对实在性和关于实在性的知识的区分被实在性和任何实际实现形式的界线所替代。我们必须承认德兰达迈出的这一步。

然而，在某种程度上，这依然是两个世界的理论，至少在他 2002 年那本关于德勒兹的书里是这样。对他而言，实际的和实在的是两个稳定的区域，各自根据完全不同的一套规则运作。我们已经知道，一条轨迹的实际（实现出来的）行为"不是由其之前的状态决定……而是由引力因子自身的种类决定

11　Bruno Latour, *Pandora's Hope*, p. 122.

的"。[12] 因此，事态的实际状态完全不受因果的影响。我们被神秘的奇点所影响，而不是被可感的、可测量的实际实现物所影响。隐藏着的引力因子完成了所有的因果作用，某一个事态对随后的事态没有影响。因此，实际实现的世界被分割成完全分离的小块，每一块都是对更深层的杂多、矢量场以及作为实在性发生场所的引力因子的浮夸装饰和包裹。但是，各种实际实现的成分都失去了互动的能力，而实在或虚拟的层面则正好相反。德兰达的杂多，或被他叫作"具体的普遍物"（concrete universals）的东西，并不只是"难以理解又独一无二"而是清晰明了又独一无二：也就是说，它们并非只是从其多种多样的实际实现中隐退。并且，它们具有融合在一起的倾向。按照德兰达随口带过但未经解释的说法："具体的普遍物必须被理解为融合在一起，成为一个连续统。这进一步模糊了杂多的同一性/身份，创造出不能被察觉的区域，在那里，它们形成了一个连续的内在空间，这和装满永恒原型（archetypes）的储备库很不一样。"[13]

然后，我们就能发现德兰达的实际实现的世界是由萎缩的肿瘤构成的，这些肿瘤互相之间不再影响或关联，然而，非实际实现的实在区域完全能够形成关联。在那里，所有的物都渗入一个连续统中。确实如此，德兰达说"杂多不应该被当作主

12　Bruno Latour, *Pandora's Hope*, p. 35.

13　Bruno Latour, *Pandora's Hope*, p. 21.

动与其他物互动的能力"，并且指出它们具有"中立性或贫瘠性"。他诉诸能够在奇点之间创造"回响和回音"的准 - 因果操作元素，这"[确保了杂多]能够保留其非常特别的独立性"并且"不[具有]对它自己的因果效力"。[14] 然而，德兰达依然认为它们属于一个连续统，并且就算它们是由最初的异质元素编织而成，也不能阻止它成为一个单独的连续统。他的杂多是巨大的新奇装置，以某种方式将各种不同的引力因子和矢量场关联到一起。另外，他正面引用了德勒兹对虚拟的定义，将其理解为一个由"差异性元素和关系"构成的结构。具体情形如下。对德兰达而言，杂多超越了所有人类所及，并且实际上超越了所有独立于人类意识的实际实现。某种意义上，实在性是彻彻底底非关系性的，因为没有什么能够被完全实现出来。然而我们还发现，杂多本身是由嵌套在一起的不同的实在组成部分所构成的，譬如引力因子和矢量场。于是就有了一个显而易见的问题，为什么能谈论构造起杂多的实在引力因子间的关系，而提起实在和实际实现之间的关系就问题颇多呢。如果所有实际轨迹都不足以反映其底下暗藏的引力因子，那么所有实在的杂多都不足以反映其自身实在的成分。两种情况都是关系的问题，而关系就是不能穷尽它们本身。

14　Manuel DeLanda, *Intensive Science and Virtual Philosophy*, pp. 83-84. (London: Continuum, 2002.)

换个说法，对德兰达而言，关系在"纵向"的意义上问题要更大，因为实在物不能被其任何的实际实现状态所呈现或穷尽。尽管我们提到了准-因果关系，但设想中的杂多连续统指出"横向"的问题更多是在实际实现中，而不是在虚拟领域里。换言之，德兰达在2002年呈现了这样一个世界，在这里所有的东西都从头部被分成小块，而在底部则丝滑地连在一起（尽管是"异质性的"）。但是即使是在2002年的书里，这种具有两套不同规则的双层宇宙模型和德兰达对世界的生动感受相矛盾，因为他认识到世界是由独立的、涌现出来的层次构成的。他这么说道：

> 就像在个别细胞和由它们构成的个别有机物之间，有很多中介结构将两种尺度联系在一起（组织、器官、器官系统），在个别金原子和个别固态金属块之间，也有这种尺度适中的结构将微观和宏观尺度联结起来：个别的原子形成晶体；个别的晶体形成微小的沙砾；个别的微小沙砾形成大的沙砾，如此下去。不同尺寸的晶体和沙砾都是根据具体的因果关系被处理成一个个体的，而这些个体样本的属性则是从这些中介结构的因果互动中涌现出来的。[15]

---

15 Manuel DeLanda, *Intensive Science and Virtual Philosophy*, p. 40. (London: Continuum, 2002.)

德兰达思考中的这一面后来在其 2006 年的专著《新社会哲学》（*A New Philosophy of Society*）中得到了进一步的发展。

从一个由虚拟和实现组成的两层小屋朝着一个由不同尺度集合构成的多层建筑的变化体现了德兰达的一种隐秘转向，这也意味着德兰达的灵感来源从德勒兹转向了罗伊·巴斯卡，后者是广受欢迎的批判实在论运动的创始人，其理论和德兰达具有相似性，德兰达也公开承认了来自后者的影响。如果说关于巴斯卡，德兰达有一件事不大喜欢，那就是其对"本质"观念的忠实。我们很快就会发现其中的缘由，德兰达完全拒绝了本质。但在其他方面，德兰达看上去极其接近巴斯卡。特别是德兰达倾向于用一个无穷的相互勾连的形式替代对实在和实现的两层结构，前者的形式永远不会在其环境中被完全地实现出来，这看上去就是彻彻底底的巴斯卡的观点。

巴斯卡的专著《科学实在论》（*A Realist Theory of Science*）早在 1975 年就已经出版，但其中的不少段落至今读起来还令人震惊。比如，巴斯卡说"实在的结构独立于实际实现的事件的样态，并不再与其相关"，这里就已经带有一点德兰达的味道。[16] 德兰达公开赞同巴斯卡对"实际实现主义"（actualism）的批判，后者建立在"只有实际实现的（等同于实证意义上能

16　Bhaskar, *A Realist Theory of Science,* p. 13. (London: Verso, 1997.)

确定的物）才是实在的这种观点"[17]之上，而目前对这种观点最具天赋的支持者无疑就是布鲁诺·拉图尔。更笼统地说，德兰达采纳了巴斯卡"[实在性]的不及物维度（intransitive dimension）这个概念，后者认为物是实在的结构或机制，完全独立于[人类]和[人类]可及的条件行动"。[18]巴斯卡和德兰达在拒绝将人类对世界的触及看作一个特别重要的本体论事件上也达成了共识。对巴斯卡而言，实在物独立于实际实现的事件，但就算这些实际实现的事件，它们的实现性与它们被人类实证地观察到这件事也没有关系：就像实在物独立于所有实际实现而存在，"或许可以有一个只有事件，没有体验的世界"。[19]

乍看起来，他们对"平面的本体论"（flat ontology）这个词好像有不同的见解，因为巴斯卡诋毁了平面性，而德兰达对此进行了公开的赞赏。[20]但如果我们看得更仔细一些，就会发现他们最终是在相反的意思上使用这个词，这就解释了他们对同一个术语截然不同的评价。对巴斯卡而言，一种平面的本体论是将所有实在性都压到人类知觉这样一个单一的实证被给予的平面，因此不值一提。对德兰达而言，正好相反，一种平面的本体论使无数层或大或小的结构能够具有相同的本体论地位

17 Bhaskar, *A Realist Theory of Science*, p. 64. (London: Verso, 1997.)

18 Bhaskar, *A Realist Theory of Science*, p. 17. (London: Verso, 1997.)

19 Bhaskar, *A Realist Theory of Science*, p. 32. (London: Verso, 1997.)

20 Bhaskar, *A Realist Theory of Science*, p. 67. (London: Verso, 1997.)

/ 尊严（dignity），因此值得我们的支持。毕竟，这两位作者分享的并不仅仅是对一个比实际实现更深的实在层面的信念，还有这样一个观点，即新的"实在"能够通过一种涌现的方式被创造出来。巴斯卡并不比德兰达更赞同还原论。用巴斯卡自己的话来说：

> 在被（威尔弗里德·塞拉斯 [Wilfrid Sellars]）生动地描绘为中间维度的区域里，日常事物的属性能够从非常小的（或非常大的）尺度被解释，这件事并不会使它们变得不如用于解释它们的存在物那样实在，就像锌和硫酸不会因为我们从原子结构的角度来理解它们的反应就不再以某种方式发生反应了。[21]

这段话早于德兰达对微观和宏观还原论的攻击，这些还原论要么将存在物还原为它们微小的组成部分，要么还原为它们所处的更大的社会境况。与这种企图相反，巴斯卡坚持认为"如果黑体（black bodies）[22] 是实在的，那么物理学家也是实在的；如果带电粒子是实在的，那么雷暴也是。简单地说，涌现是我们的世界不可被还原的一个特征，即它具有一种不可被还原的本体论特征"。[23] 引导较小层面的东西去构成较大层面的物的

21　Bhaskar, *A Realist Theory of Science*, p. 59. (London: Verso, 1997.)

22　物理学家将能够完全吸收外来电磁辐射的理想态物体称作黑体。——译者注

23　Bhaskar, *A Realist Theory of Science*, p. 113. (London: Verso, 1997.)

过程"必须要从因果关联的角度理解，而不是对应法则"。[24]
也就是说，"锌"可能只是由夸克和电子或更小的弦簇拥成的
一个微小的团，并不是一个人类随意起的别名，它指向的是一
个刚刚涌现出来的、具有独立实在性的被称作锌的东西。巴斯
卡进一步指出，我们永远无法到达一个最微小的可能极点，那
里的物不再由更小的部分构成，因为他"认为没有理由去设定，
世界的分层（stratification）必须有真正终极的存在物"。[25]

我们在巴斯卡那里能够读到的，也能在德兰达的大部分著
作中读到，它是这样一种世界观，它把世界看成一条由上升或
下降的合成物组成的锁链，其中的每一个合成物都独立于构成
它们自己的更小的部分，也独立于它们随后融入的更大的环境。
一支铅笔不能被还原为原子，但是同样也不能被还原为生产它
的社会，或它所产生的整个铅笔效应场。我们已经发现功能主
义对涌现和还原论而言都是一种危害。哲学不能忽略"中间维
度的生动区域"，因为那才是物或杂多之所是。我们在巴斯卡
和 2006 年的德兰达那里看到的是一个多层次的，而非双层的
世界模型。巴斯卡的宇宙完全是可量化的。它被突兀地分割成
一块一块，每一块都由次一级的、实在的因果机制造成。换言
之，德兰达在 2002 年提出了一种杂多的连续统，一个单一的、

---

24 Bhaskar, *A Realist Theory of Science*, p. 59. (London: Verso, 1997.)

25 Bhaskar, *A Realist Theory of Science*, p. 171. (London: Verso, 1997.)

为所有实在物所共享的"实在的"层次。相反，对巴斯卡以及2006年的德兰达（实际上已经在 2002 年的那段关于黄金的引述段落中初见端倪）而言，每一个涌现出的存在物都会根据自己的尺度创造一个新的"实在"，这些实在物仅仅属于我们所谈论的这些存在物，而不是为其他所有物所部分地共享。巴斯卡的"不及物的"实在性和他的"及物的"实际实现一样都是可被量化为一块一块的。引力因子从它们彼此当中隐蔽起来，就像实际的杆子和石头一样。正如巴斯卡在诋毁安东尼·福路（Antony Flew）时生动描绘的那样，后者糟糕地提出"上帝创造了光谱，而人类创造了分类"，[26]

> 我没法给这样的假设找到任何可能的正当理由。从字面上理解，这就是在暗指染色体数量跟决定一个个体的生物性别无关，生物这个种类只是根据惯例用以区别死物，化学元素在它们的属性中体现了一种连续的渐变，郁金香混进了杜鹃属，而固态物气化进入空无一物的环境。[27]

当德兰达开始在 2006 年谈集群而不是杂多的时候，这看上去不过就是微小的术语转变罢了。但能够促使相互接触变得容易的杂多连续统消失了，取而代之的是巴斯卡所说的未被实

---

26 Bhaskar, *A Realist Theory of Science*, p. 213. (London: Verso, 1997.)

27 Bhaskar, *A Realist Theory of Science*, p. 213. (London: Verso, 1997.)

现的、各种形状和尺寸的实在块状物。这既为我们贡献了许多哲学洞见，又带来了不少尚未处理的问题。

10.2 集群

我们已经知道德兰达拒绝任何对微观和宏观解释层面的区分。一个存在物，在跟其更小的组成部分相比时，永远都是"宏观的"，而在跟那些它自己参与其中的、更大的集群比较时，就总是"微观的"。这就是说，所有存在物都是生动的中间区域，处于一个上升、下降的集群链条中的某处，这些集群部分地，而非全部联结在一起。一个集群"不是……一个无缝的整体"，[28] 也不是"一个纯粹的汇总……没有大于其部分相加总和的属性"。[29] 重复一遍，如果德兰达的本体论是"平面的"，这不是一个由连续统构成的内在领域的那种平面。在某些方面，通过将所有微小的、巨大的集群都看作是平等的，它更像是拉图尔（一个在其他方面跟他几乎没有共同点的思想家）的平面的本体论。德兰达确实不觉得某种异世界的维度要比内在 （immanence）更好，他是我们所能想象的最接地气的思想家。但就像巴斯卡，德兰达（现在依然）是一位被诬蔑为"深奥且隐秘"的哲学家。集群是跨事实的（transfactual），或者我们

---

28 Manuel DeLanda, *A New Philosophy of Society*, p. 4. (London: Continuum, 2006.)

29 Manuel DeLanda, *A New Philosophy of Society*, p. 5. (London: Continuum, 2006.)

新造一个词，它们是跨实际实现的（transactual）。它们永远不会被完全实现出来。实际上，鉴于德兰达认为就算一个不动的物依然会在引力因子周围微弱地振动，而不是直接坐在上面，它们甚至不能被部分地实现。对德兰达和巴斯卡而言，深奥和隐秘遍布于我们这个宇宙的每个层面，而不是只能在藏于世界底部的、潮湿阴冷的某种海德格尔式的源泉那里找到。

但关键是：并没有一个可达的世界层次，在那里所有东西都是完全实现出来的，并且在面对其他的实际实现物时完全无能为力，而另一个层面则是一个更深的、未被实现的连续统，我们发现二元性存在于世界的每一个层次中。我们不再拥有一条完全确定的"实际实现的"狗，与所有其他存在物相分离，受制于一条前 - 个体的前 - 狗（pre-dog），这种前 - 狗只有通过与其他物的关系才能被个体化。并不是说所有个别的物总是实际实现的，而是说物是完全由前个体构成的。相反，个别物具有非实现的实在性，且属于每个存在物，而不属于某个优先于所有独立物之前的连续统。

尽管"集群"这个词很诱人，但我们必须记住它是片面的。集群的概念在处理老套的、自然的、统一的实体时，具有争论价值，我们可以说存在物并不以统一的自然种属的形式出现，而是由无数的微小部件构成的，以此反对这种作古的个体。这只是情况的一个方面，好的方面。但回忆一下，我们说过集群永远不能被完全实现：一台机器或一个人类社会不仅超出了我们对它的理解，也必然超出了任何对它的实现。也就是说，鉴于它独立于所有对世界造成的个别效应，它必然超出了任何其对世界的其他部分造成的关系性效应。这就是前面提到过的模棱两可的地方：尽管一个集群由关联起来的部分构成，但它其实是超越了这些成分的一种涌现。伴随着这种对其部分实在的超越，它更是比任何可能带来的外在效应要深，且在保留其实在性的同时或许没有了任何的效应。我们还远远不清楚，比方说，选举产生的联合执政仅仅在它们被结成的时刻存在。可能存在好几个实在的"麦凯恩（McCain）胜利联合"，它们都没有被东拉西扯的策略家利用。相似的，今晚，我们或许能在斯塔万格的海滨听到一个将留名世界历史的天才所创造的全新风格的音乐，而这种音乐依然没能被唱片公司、记者，甚至音乐家自己注意到。

毕竟，在德兰达思想的核心：一个存在物，除了作为一个集群，还是一种涌现。如果我们只是沾沾自喜于"集群"一词的多元性意味，如果我们嘲笑那些反动地、幼稚地相信实在个体并通过将所有个体化约为聚集（clusters）、聚合（aggregates）或捆（bundles）的做法，那么我们就错失了德兰达的一半观点。因为一个存在物通过涌现发生，这比所有的聚集和聚合都要更多，它也不是通过习惯联结，粘在一起的一束属性。存在物，或物（我将会使用这些词来指涌现的集群）并不仅仅是由集合产生的社会性生物，继而成为新的事物。它们以同样的方式，独立于这些社会。只要它们不被完全实现，它们就从其与外部世界的关系中隐退，超越其组成部分并形成一个新的实在，从而对自身隐退。它们是独立自主的。用计算机科学的术语，这就叫"封装"（encapsulated）。在前一种情况里，它们不能被还原为功能；而在后一种情况中，它们不能被还原为构成部件。但如果我们更进一步，我们就能看到德兰达自己对涌现的标准。尽管他并不想充当这个观念的始作俑者，他确实给出了一个比往常更有趣的列表。他并没有把这些特征列在一个实际实现了的表格中，而是在《新社会哲学》第34-40页纸面上加以阐述。

* 标准一：一个集群倾向于对其部分具有回溯性效应。他将这个理解归功于巴斯卡。用德兰达自己的话来说："尽管一个整体从部分的互动中涌现出来，但是一旦它存在，便能影响其部分……换言之……我们需要澄清……宏观—微观的机制，通过这种机制，整体为其组成部分带来了限制和素材，给它们能做的事情加上限制，同时促使它们做出新的表现。"[30]

* 标准二：一个集群能被描述为"冗余因果"（redundant causation）。集群的第二个特征最后在德兰达的思想中制造了某种张力，我们很快就会看到。基本思想就是，同一个涌现的集群或许能从任意数量的不同进程中出

---

30 Manuel DeLanda, *A New Philosophy of Society*, pp. 34-35. (London: Continuum, 2006.)

现，使其历史的确切细节变得无关紧要。他举了一个例子，说"我们或许可以有理由将涌现的联合解释为整个[大尺度]社群之间互动的结果，如果因为数个微观原因会导致一个相似的结果，那么对[个别讨论的]微观细节的解释不再有必要。"[31]

* 标准三：因果力。很显然，一个涌现的集群可能对其组成部分以外的存在物造成因果效应。他告诉我们，"比个人大的社会集群是客观存在的，因为……它们能够因果地影响其他在其自身尺度上的集群。为了执行它们的因果效力，内在的和外在的，这些[更大的]集群使用人类作为互动的媒介，但这并不危及它们的自主独立，就像人们必须用它们身体的某些部位这件事……并不危及它们自己与它们自己解剖出的部分之间的相互独立性。"[32]

* 标准四：有能力产生**新的**部分。这里，德兰达注意到"有些部分必须先于整体存在，而有些部分则可能产生于对已经存在整体的维护过程：城市由维持着人际网络的人群构成，但是这些人显然不是先于城市涌现就存在的。实际上，大多数网络和组织是作为已经存在城市的一部分出现的"。[33]

31　Manuel DeLanda, *A New Philosophy of Society*, p. 37. (London: Continuum, 2006.)

32　Manuel DeLanda, *A New Philosophy of Society*, p. 38. (London: Continuum, 2006.)

33　Manuel DeLanda, *A New Philosophy of Society*, p. 39. (London: Continuum, 2006.)

我们可能还能想出其他的标准。比如，现存的列表看上去太注重集群和其部件之间的关系，而不大重视集群和更大的世界。更重要的一个问题是，这个列表似乎关注的是一个集群做了什么而不是它是什么。也就是说，似乎过于关注集群"修改、变换、打扰或创造"了什么，这是拉图尔对实在的一种实用性标准，而非一个严格的德兰达意义上的实在标准。如我们所见，存在物非实现的独立性意味着实在的存在物可能存在，并没有任何效应：就跟引力因子一样，没有一个存在物曾踏入引力因子的领地。

换句话说，上述四样东西中的三样是一个新集群的所有环境症状（symptoms），而非其本身特征。我们说一个存在物只不过是其对自身组成部分的回溯性效应、其新的组成部分的生产或其对同尺度存在物的因果影响，这就是把它还原成一束效应。这样，一幢房子就变成了一种"慢性房子综合征"（Chronic House Syndrome），并不承诺一个潜藏底下的房子。但鉴于德兰达对所有未实现事物的喜爱，这其实更像拉图尔而非德兰达。四个标准中唯一一个和存在物本身而不是其症状相关的，就只有冗余因果。说一个给定的集群能够有很多不同的原因，就是在说它独立于其产生的历史。

一个集群重要的是，它具有某种属性（properties），它使一个蛇的集群比一张椅子更危险，一出没有被写出的沙士比亚戏剧比一个失败的商业计划是更让人悲痛的损失。物的属性超出了造就它自身的部分。但同样重要的是，它们比其任何的实际实现都要更深。一个物具有属性并不意味着它们能被环境以某种方式觉察到，而是环境只有具备这种能力的时候，才能觉察到它们。但是如果一个物看上去必须具有从而成为其所是的内在属性，这听上去像极了本质。然而德兰达以一切代价避免这个术语。为什么？

10.3 本质

德兰达没怎么讨论柏拉图版本的本质，显然没有把它当作一个严肃的威胁。它跟亚里士多德的不同，后者由属（genus）、种（species）、个体组成的三层模型陷于大家一致的攻击。如果在 2002 年的书中，德兰达似乎确实在一些地方把个别存在物仅仅看作是属于实际实现领域，而把虚拟领域留给前 - 个体的引力因子和奇点，这显然不是四年后的情况。正如德兰达所总结道："和［亚里士多德所说的］分类本质主义，认为属、种以及个体是分开的本体论范畴不同，集群的本体论是平面的，因为它只包括了不同尺度的个别奇点（或绝无仅有的个体[haecceities]）⋯⋯这意味着人并不只是介入社会进程当中的个别存在物，还是个别的社群、个别的组织、个别的城市和个别的民族国家。"[34] 这里重要的是，个别存在物并不是需要被克

---

34   Manuel DeLanda, *A New Philosophy of Society*, p. 28. (London: Continuum, 2006.)

服的东西。任何尺度的任何集群都是一个实在的奇点，比其与其他物之间关系的过度决定（overdetermination）要深。不仅埃及人是社会行动者，泽梅列克（Zamalek）街区、美国大学、开罗自身，以及作为埃及的埃及也是如此。所有这些都是独一无二的（haecceities）。

为了到达一门平面的本体论，那么，亚里士多德的所有三个术语（个体、种、属）必须合并为个别的奇点。德兰达能够轻易地通过把个体变成奇点来完成这个任务，即通过把它们变成永远不能被实现的东西，它们显然不需要牺牲它们的个别性。我们通过大体上摆脱它们，并用无数占据一个封闭生殖库的个体替代了它们，如达尔文所说。但是，属呢？

这里的情况有点不同。种，或多或少被认为是由无数个体组成的虚幻构建，而属对德兰达而言则必须被看作一个纯粹抽象或拓扑学的概念：

> 问题就是，如果种能被个别奇点取代，那么属也能吗？答案是，生物学分类的最高层级，即"界"（kingdom）……甚至门（phyla）——包括作为脊椎动物的人类所属的脊椎动物门（chordata）——需要用不同的处理方法。一个门可以被理解为一个抽象的、所有脊椎动物共享的身体结构，并且……每一个对这一身体结构的实现都呈现出完全不同

的单元关系。[35]

换种说法，"一种身体结构定义了一种可能性的空间……而这个空间具有一种拓扑结构"。回到我们更熟悉的领域，德兰达接着说，"对这些可能性空间的形式研究在物理学和化学当中更加高级，在这些学科里，这被叫作'相空间'（phase spaces）。它们的结构由被称作'吸引子'（attractor）的拓扑常量给予，同时也由……代表了'自由度'的维度或相关的、具体物理或化学动态系统的变换方式给予。"[36] 采用德勒兹的术语，德兰达也把这叫作"一个图表（diagram），一系列普遍的奇点，它们能成为跟身体结构等价的东西，或者……能够结构与集群相关联的可能性空间"。[37] 在生物学之外，德兰达在马克斯·韦伯关于社会组织合法性之理想类型（ideal types）的图示里，找到了一个这种图表的例子。[38] 我们能在无数不同的文化和历史语境中，找到神圣的、颇具魅力的、理性 / 官僚的合法化形式，就像脊椎动物有各种不同的形式，其中有一些非常巨大且可怕。

但是，这将我们带回到在 2002 年《强度科学与虚拟哲学》

35 Manuel DeLanda, *A New Philosophy of Society*, pp. 28-29. (London: Continuum, 2006.)

36 Manuel DeLanda, *A New Philosophy of Society*, p. 29. (London: Continuum, 2006.)

37 Manuel DeLanda, *A New Philosophy of Society*, p. 30. (London: Continuum, 2006.)

38 Manuel DeLanda, *A New Philosophy of Society*, p. 30. (London: Continuum, 2006.)

中提出的某种两层的世界。德兰达现在给了我们一个在个别奇点（譬如狗）和一般奇点（譬如脊椎动物）之间的绝对对立。他这么说，"我们可以把……拓扑常量叫作一般奇点（universal singularities），因为它们是诸多不同系统共有的、单一的或特别的拓扑特征。"[39] 并且，"这些一般奇点的分配……会取代亚里士多德的属，而个别奇点会取代他所说的种"。[40] 最后：

> 从一个到另一个的联结将不会是一个逻辑差异化（logical differentiation）的过程，而是一种历史差异化（historical differentiation），即一个涉及所有不同脊椎动物物种的多样进化的过程，这些不同的脊椎动物物种实现了抽象的身体结构。把门的层次和种的层次联系起来的分类范畴会呈现多样化的连续节点，这些节点历史性地对身体结构进行着差异化。[41]

在这里，我们看到了德兰达观点的核心。但我想要提出三个不同的反对意见。第一，是否需要区分个别的和一般的奇点让人生疑。如果这种区分不是必要的，剩下的就仅仅是各种不同尺度上的奇点，而不是两个差别巨大的类型。第二，根据集群理论自己的原则，用动态历史生成过程来取代个别奇点之"本

39　Manuel DeLanda, *A New Philosophy of Society*, p. 29. (London: Continuum, 2006.)

40　Manuel DeLanda, *A New Philosophy of Society*, p. 29. (London: Continuum, 2006.)

41　Manuel DeLanda, *A New Philosophy of Society*, pp. 29-30. (London: Continuum, 2006.)

质"的企图注定会失败。第三，将一般奇点置于一个连续统中的努力也注定会失败。我们需要的是一种与德兰达紧密相关的哲学，而这种哲学又在几个地方有所不同：一种个别物的本体论，独立于它们的历史，也同样独立于彼此。

首先，我们来考虑一下一般和个别奇点之间的所谓差别。我们不断看到，两者共有的，是一种超越于所有具体实际实现、超越于所有与其他物关系的丰富性，它从不能完全穷尽这些物。对德兰达而言，狗总是一种多于跑步的狗和吃东西的狗的东西，因为没有一种这样的行为能够完全穷尽狗。对一个诸如拉图尔这样的作者而言，相反的是，狗一直都是在其具体行为和某个具体时刻中完全具体的，且必须被所有外部的观察者认识为"同一条"狗，这些观察者编织了一条坚实的链条，将每一个瞬间的肉身化加以联系。同时，"脊椎动物"被认为是比狗更加普遍一般的，因为它是一个兔子、人类以及灭绝的甲龙（ankylosaurus）所共享的、抽象的身体结构。一个问题是，这违背了德兰达说的，"宏观"与"微观"之间的区别不是绝对的，这两个词"不应该和两个稳定不变的尺度层次关联，而应该被用作指称具体的部分及其在任何给定空间尺度上涌现的整体"。[42] 没有可能通过声称一般奇点是非空间的来逃脱这种限制，因此不受制于德兰达关于微观／宏观相互可变性的原理。

---

42 Manuel DeLanda, *A New Philosophy of Society*, p. 32. (London: Continuum, 2006.)

我要说的是：一条狗可能没有那么一般，而是比"脊椎动物"更具体，但是"脊椎动物"同样没有那么一般，而比"动物"更具体。更笼统地说，德兰达的本体论为个别的狗和普遍的脊椎动物提供了理论空间，而没有给类似于一个实在的、区别于个别狗的狗的种提供空间，这是很奇怪的。如果"狗"包括了不计其数的个别的狗，没有理由认为脊椎动物不能包括个别的脊椎动物。简言之，去设定一个由个别物构成的具体的实在区域和其他由一般物构成的具体区域是一个糟糕的想法。我们拥有的只有个别的、永远不能被实现的存在物，就像集群理论自己所提出的那样。在奔跑的狗背后是狗本身，由一种比过于具体的奔跑动作更深的冗余成分所标识。在狗的背后不是一个脊椎动物属，而是狗的组成部分，每一个部分都比它们实现为狗要更深、更丰富。这些组成部分也一样被它们自己组成部分的冗余成分所包围，形成一条下降的未被实现的链条，这个链条没有明显的结束端，没有可知的最微小的、当今物理学的微观组成部分。"微观"和"宏观"层面从来不会是稳定不变的。

其次，我们必须再次注意到，德兰达想要用动态生成历史来取代个别物本质的企图，被冗余因果的原则所挑战。在一个如今已经著名的例子中，他注意到我们能够接受元素周期表，"但同时拒绝物化其自然的分类。一个给定的种的原子会被当作由个别恒星中进行的（核合成 [nucleosynthesis] 的）重复过程产生的个别存在物。和有机物不同，即使这些原子并没展现出那么多的变换，但它们诞生于一个具体过程的事实却给了它们每个个体一段历史"。[43] 然而，虽然我们可能会谈到个别原子的经历这件事很迷人，但没有传记会保留所有关于这个主角的信息，这也不是出版商预算的缘故。德兰达自己提到，很多信息是完全多余的。当我们谈到选举中的民主要素时，大多数个人的趣闻都是无关的，因为不同的八卦事件都会引向同样的结局。一个机器保持原样，即便换掉了个别的齿轮和杠杆，对人类身体及其组成原子也是一样的道理。冗余因果意味着，一个集群在一定程度上是自主的，独立于产生它的历史。只有某些历史性细节和原子相关，但即使这些也并不是作为历史而相关，而只是因为它们在原子上留下某种真正的印记。氢是在某一类恒星中形成的而不是另一类，这跟它现在的构成无关，因为大多数历史都是冗余的，实在性遗忘了其到来之时的路。记忆是被阻碍的，而不是无穷的。因此，一个存在物总是独立于其动态的历史生成，确实在具体的当下结晶，即使它会从与其他物的关系的完全实现中隐退。

顺便再提一下，我反对所有想要把诸如柏格森或德兰达这样的人物和一个完全不同的流派包括诸如拉图尔和怀特海等同起来的企图。有时候，"过程哲学"这个词被宽泛地用来涵盖所有这些人，他们因为都反对老套的实体和一些别的什么东西

43　Manuel DeLanda, *A New Philosophy of Society*, p. 28. (London: Continuum, 2006.)

而被合在一起。注意，这两个传统因为完全相反的理由拒绝了实体。对动态生成学派而言，实体的问题在于它过度的严苛和稳定不变。实体对像德兰达这样的人来说总是太过具体。但是对诸如拉图尔这样的关系哲学家来说，实体的问题是其不够严苛：它假装躲到所有具体的决定背后，并在变换不定的事态中持存，而实际上它应该被这些东西所定义。如果柏格森拒绝任何孤立出来的瞬间，拉图尔和怀特海完全关系性的想法要求存在物必须在一个瞬间被完全表达出来，即使这种情况立马就消失了。

最后，我们必须问，是否任何一种奇点都能存在于一个连续统中。显然，德兰达认为连续性比明确块状的、分离的本质更吸引人："和本质不同，"他说，"本质作为抽象的一般存在物并排共存，明确地区分彼此，具体的普遍物必须被认为是一起混在连续统当中的。"[44] 问题是，不可能存在实在的连续统，如果我们接受实在的就意味着永远不能被完全实现。即使我们认为不存在一种实在物，它的某些方面未被实现（我甚至会不同意这个观点），但对德兰达而言实在的这整个论点就是实在论（realism）：某物的多余部分超越了任何实际实现，甚至任何实际实现的综合。

换句话说，实在的世界，而不仅仅是实际实现的世界，能

44　Manuel DeLanda, *A New Philosophy of Society*, p. 21. (London: Continuum, 2006.)

够以巴斯卡想象的方式，被准确地量化。如果我们说"上帝创造了分类，而人类发明了光谱"这一颠倒过来的陈词滥调也并非真切，但它比福路最初的烂调子要更靠近真相。如果柏格森因为一个模型而闻名，那个模型认为宇宙自身是动态的运动，而人类将其打碎成一块一块的，德兰达则滑向了一个完全颠倒的柏格森的位置，无论是故意的还是无意的。实在的世界必然自己就被一块一块的东西装满，而被实现的事态之领域必须是连续统被发现的地方。集群确实都有各自的本质，并且它们都独立于各自的动态生成历史，也独立于与它们相邻的存在物。

但这引出了一个显然的问题。如果实在的个体由它们完全非-关系性的或跨关系性的特征所定义，那么它们如何能够跟任何事情相关联呢？因果关系何以可能？这个问题被两类不同的哲学家提出：首先是伊斯兰和法国的偶因论者，他们留给上帝的不光是创造的能力，还有任何关系的力量。其次，休谟提出了这个问题，他被认为是一个伟大的法国偶因论者马勒布朗什的仰慕者。讽刺的是，休谟进入偶因论的方法正好是相反的，他认为人类意识扮演了上帝的角色，以至于只有意识通过习惯联结事物。在两种情况里，一种被给予优越地位的存在物被允许了魔法性的跨越，越过激进实在论加在关系性上的禁令。偶因论接受自主的实体，并且难以关联它们，而休谟从它们的关系开始，并且不能建立它们超越于意识中的、与意识间的关系中的独立性。

换句话说，休谟和偶因论者解决关系问题的办法是，诉诸某种虚伪的、某个具有魔力的超级存在物（无论是机械降神[deus ex machinas] 还是机械降人 [mens ex machina]），这种存在物都能够建立某种关系，即使其他所有东西都不能。这两种方法都没法在德兰达式的实在论中运作，因为对德兰达而言，意识不是任何互动中必须的元素，而上帝根本不会出现在他的哲学中。因此，德兰达需要的是某种"局部的偶因论"，根据这种观点，存在物即使有非关系性的特征，也能够彼此互动。

10.4　因果

在他 2006 年的专著《新社会哲学》中，德兰达区分了线性因果和催化。线性因果就是词义所传达的：同样的原因每次都会引向同样的效果。相反，催化仅仅刺激了某种反应，而不是自动地内含了它们：比方说，一根香烟仅仅催化了肺癌，因为并非所有烟鬼都会变成癌症病人，也并非所有的癌症患者都曾是吸烟者。另外，德兰达说，线性因果通常是物质性的（material），而催化通常是表达性的（expressive）。这种比较很有趣。对德兰达而言，"物质"的领域一般指一个物的功能性基础设施，比如一个城市的燃气和下水道。世界的"表达性"区域指的是一个物多余的、非功能性的表面，比如一个城市的天际线。天际线表现一个城市的方式跟一张脸表现一个人的个性的方式是一致的，二者都可以被改变或损坏，而不必影响潜藏其下的城市或人的功能性。

如果对德兰达而言，存在物是催化剂而非原因，这跟巴斯卡关于每种境况都有多重原因的观点相似（这个观点最初可追溯到约翰·斯图尔特·密尔 [John Stuart Mill]）。比如，一起爆炸最直接的原因可能是一根点燃的火柴，但还有其他的原因，包括其点燃的火药、异常干燥从而使得仓库对火毫无招架之力的十月，以及喝醉的看守，他漏过了偷偷摸进来的搞破坏的人。任何事件都会有一系列的事物成为其原因，它们因此类似于德兰达所说的催化剂。在巴斯卡看来，这足以颠覆决定论，因为没有一个原因能负责整个事件。类似的，德兰达认为催化足以终结线性因果。但这显然是错的。原因的多样性只是让我们对因果条件的分析变得更加复杂。这并不能得出每个个别原因的相对重要性就导致了最终的不确定性或自由意志。换言之，尽管一根香烟可能每次都会导致不同的结果，但这只是躲避了真正的问题。问题应该是，同一根香烟加上同样的生成过程加上同样的饮食习惯加上同样的环境等，会导致每次都有同样的结果。由此来看，德兰达的催化并没有摆脱线性因果的机械式本质。

但在另一层意义上，他完全否定了线性因果，因为他把这叫作"物质性的"。如果我们认为物质指的是一个集群内在的实在性，与其外部的表达性效应无关，那么在某种意义上，物质就必须从任何实现以及任何关系中隐退。因此，似乎所有因果关系都必须发生在表达性的层面，也就是说，在非本质的层面，一个集群的属性并不被遮蔽或非实现，而是显性的、完全实现的。我们已知的关于因果关系的信息能够支持这种观点，即一个物的本质特征被其偶然性特征所摧毁。林肯的伟大被一小块穿透人的皮肤的铅所摧毁；毕加索给朵拉·马儿（Dora Maar）画的画像可能会在某一天被橙汁溅到而毁坏。这也得到了美学的支持，在美学中，我们注意到隐喻在它们通过非本质特征将两个存在物联系起来的时候最为有效。"一支笔像一支铅笔"并没有隐喻性效应，但"一支笔宛如一条毒蛇"就有这种效应，尽管这种联系仅仅是非常边缘的、基于它们勉强算是相似的物理外形。最后，这也能得到伦理的支持，伊曼努尔·列维纳斯说过，暴力是一种想要通过某人虚弱的东西来占有某人强大的东西（再一次，我们想到林肯的被刺）。

简单地说，世界的表达性表面或仅仅是偶然的区域，是关系得以发生的唯一场所。德勒兹注意到表达具有因果的效应，而德兰达也已经赞赏了这个观点，但他没有注意到，可能只有表达性的领域才是因果的。然而，表达并不在表面发生，在这个意义上，根本不存在什么表面。认为世界有一个表面，就是接受了旧的两种层次的模型，在这种模型里，实在的、未被实现的深层世界和已经实现的表层世界相对立。与此不同，德兰达的模型给了我们一系列集群，它们连在一条上升和下降的链子上。这就意味着，任何两个集群之间的关系得以发生的场所只有在一个更大的集群内部（inside）。因为集群能够被量化为一块一块的，而不是流淌进一个连续统，它们的内部会自动和其他集群的内部分离开。

这个说法并没有乍看上去的那么奇怪。埃德蒙德·胡塞尔在他的《逻辑研究》里声称意向性既是一个又是两个的时候，已经提出了一个相似的观点。如果有人看见一棵树，观察者和树之间的关系实际上是一个新的集群。它们接触的方式就是形成一个新的存在物，而这个存在物的内部就是这样一个场所，在这里，实在的观察者遭遇到被遮蔽的实在物的实际实现的幻影。注意，相反的情况也是真的：如果一个物遭遇了我，这个实在物遭遇的是一种我在一个类似但颠倒过来的物的内部的幻象（phantasmal image）。某种泛灵论（panpsychism）的形式是显然的结果。

而其导致的另一个结果是一种新的意识，我们认识到关系是如何总是内含了一个新的集群的诞生，即便这只是一个临时的集群。如果两架飞机在半空中相撞，并燃烧着飞走，我们一般会从对两个独立存在物产生的相互的质性效应来看待这种情形。用德兰达的话来说，一个更好的分析会是，两架飞机只是形成了一个新的存在物，这个物通过集群的力量损坏了两架飞机，而这种力量我们已经遇到过，并将其认定为"对其部分具有回溯性效应"的东西。它们随后解体，又成为分离的存在物，只是这次完全烧起来了。换句话说，因果最初意味着创造一个新的物，而不是对已经存在的物施加一个新的效应。两架燃烧的飞机，旋转着冲向它们的毁灭，更像是因果关系的症状，而不是因果关系本身的体现。

那么，关于这次会议的主题呢：敞开的？我选择从未来的开放性来理解这个话题。未来的事件都已经以某种方式被预先决定了呢，还是说，所有的事情都具有开放性？在某种意义上，新的集群的创造似乎总是可能的，因此，新的东西会涌现出来。只要因果在表达性领域发生，它就发生在一个物的偶然特性展开的区域里。然而，巴斯卡和德兰达都没能解决自由的问题，无论是凭借多样的催化物，还是多重的因果元素。这种元素的复杂性可能超出了我们自己的理解，但是并没有超出神祇或邪恶的超级计算机的认识。我们需要新的方法，去线性因果的混乱状态中找到开放性。

11. 物、物质、睡眠和死亡 (2009)

这篇文章最初源自在法国图卢兹 (Toulouse) 的一个关于非人类学主体的会议上所作的讲座，讲座时间是 2008 年 11 月 18 日。我的思辨实在论同事、实在论者甘丹·梅亚苏也在演讲者之列。那时候，我的讲座标题是"非人类的意向性对象"。但是在我为即将于 2009 年 6 月在克罗地亚萨格勒布 (Zagreb) 召开的一个关于唯物主义的会议作准备的时候，内森·布朗 (Nathan Brown) 教授让我提交一篇提前发给所有与会者的、未曾发表过的短论文，我选择了图卢兹的这篇论文。下面就是我为萨格勒布准备的、简化的版本。

如果我们将"物"定义为一个具有统一的、独立的生命的东西，它不受其关系、偶然状态和瞬间性的变化影响，很显然，在今天的哲学界，物依然不受欢迎。对一些人而言，它们听上去有点太像老套的实体了，在我们的年代，所有人都一致诅咒并鞭笞这种实体：

　*甘丹·梅亚苏在《有限性之后》中为哲学中的"关联主义"
　　态度给出了一个极佳的分析。关联主义者认为，不存在没有世界的人类，也不存在没有人类的世界，而只存在两者之间先在的关联或联系。因此，对关联主义者而言，物并不具有独立性。用更诚恳的话说，物并不存在。

* 对经验主义者而言，也不存在物，因为只存在一来束分离的属性／质（quality）。统一的物是一个在人类意识习惯中按照惯例的联结产生的虚构物。对经验主义而言，不存在物。

* 那唯物主义者呢？他们或许看上去是最亲近物的思想家。但实际上他们不是。相反，唯物论者一般都是还原论者。他们一开始就消灭了所有大型、中等尺寸的存在物，并最终认为实在性只存在于物理的诸如夸克、电子，甚至更具奇异风味的弦这样的微粒子当中。即使这其中的一个或几个粒子被认为是宇宙的终极层次，但这依然没法给予我们所需要的实在性。就像伯特兰·罗素（Bertrand Russel）在《物的分析》（*The Analysis of Matter*）中承认的，物理学的物是纯粹关系性的。它们给予了我们时空坐标和可感的、能够被测量的属性，但所有这些特征只有在和其他物**相关联**时才有意义。什么东西在进行这种关联呢？是独立的**物**在进行这种关联。但是，在唯物主义那里，不存在物。

* 布鲁诺·拉图尔提供了我们能够想象的最为民主的行动者哲学。通过忽略古老的对实体和集合的区分，他认为

电子、人类、老虎、杏子、军队、方的圆，以及法国的
秃头国王都是平等的行动者（actors）。这和以物为导向
的哲学非常接近。但是，他并没有给予物以完全的独立
性，他从关系的角度来定义它们。按照他自己的说法，
一个行动者不过就是其"修改、变换、打扰或创造"的
东西。一个行动者就是这个行动者所做的事情。但如果
物是独立的，那么它们必须比行动者更多一些。因此，
在拉图尔的行动者网络理论里，不存在物，至少不是我
们在寻找的那个国王。

* 最后，如今很流行说，世界是一个连续统，一个原初的
动态流，只有根据人类实践的需要或者某些功能性关系
的需求，才被打碎成一块一块的。我不同意，而是坚持
认为，世界本身是可以被量化的（quantized）或被打碎
成分离的块状，即使它们是比老套的实体更加奇怪的块
状物。为了弄清楚我所说的，让我们简单地看一下跟泛
灵论毫无关系的一个哲学家：马丁·海德格尔。

11.1 所有关系都是平等的

海德格尔最著名的问题就是提出了关于存在之意义的问
题。他的仰慕者似乎认为这个问题比任何具体的回答都要更加
深刻，而他的反对者则认为这个问题过于模糊且空洞，以至于

我们不可能有任何进展。两边都是错的。海德格尔确实回答了存在之意义这个问题，用的是其《存在与时间》中的工具分析。这里的故事已经广为人知，所以没必要重复其中的细节了。胡塞尔的现象学通过物在意识中的显现来描述物，而海德格尔提到，物最初并不在意识中显现。相反，它们从可见领域中隐退至不可见的有用性当中。房间里的地板、空气中的氧、维持我们生命的心脏和肾脏一般都是遮蔽起来的，除非它们出现了故障或问题。

通常，偷懒的误读都认为这足以说明海德格尔是一个"实用主义者"。不可见的背景实践首先存在，可见的意识、理论性的意识之后才到来。但是这种阐释是肤浅的。因为这跟对人类而言可见还是不可见无关，而是跟对一个物的实在性的转变有关。当我在看或者在理论化一个锤子、氧气、地板或身体器官的时候，我对这些物的接触只是对它们的扭曲呈现。它过分简化了这些物自身昏暗的、被遮蔽起来的实在性，最多只能给出这潜藏的锤子的部分描述，而这个锤子的属性永远都没法被完全穷尽。然而，人类实践（praxis）在做着同样的事！通过使用这个锤子，我接触到的东西一点也不比我在思考它或看它的时候更多。相反，实践甚至比理论更加愚蠢，比理论更加扭曲且过度简化一个物的实在性。海德格尔不是一个实用主义者。

然而，海德格尔从没有迈出更进的一步，即使他应该这么做，这指向了一条从他的哲学出发到达某种泛灵论立场的路径。

如果理论和实践都会扭曲、改变隐藏的物的实在性，那么所有关系都会如此。当火烧了棉花，它是否就接触到了我们人类能够分辨的色彩和气味呢？无生命的物并不能直接接触彼此，就像我们不能接触它们一样。从关系中生出的扭曲并不是人类或动物意识的特殊的负担或缺陷，它们从一般的关系性中诞生。无生命的物在将物的丰富性还原为几个特征时，甚至可能比我们更加冷漠。

换句话说，所有关系都是平等的。这击中了康德之后哲学的核心问题。这个问题的关键并不在于，对是否存在实在的、超越人类接触范围的物自体无休无止的争论。不，问题在于我们是否相信物自体，在所有情况中，这个唯一的介于人类和世界之间的界线（或非界线）都是最根本的。拉图尔的一个巨大成就便是，通过承认油漆和房子、雨和沙漠沙砾的关系，同科学家与世界的关系一样，都是调解或转译的，从而将我们从这个困境中拯救出来。在所有情况中，我们都发现了这种全局的、物的实在性与它们面向其他物时或多或少被扭曲或被转译的图像所构成的二元性。人类的理论与实践和这二元结构的后半部分紧密相关，并且这已经把我们带到了泛灵论的边缘。不管是意识精神向下延伸到最低的存在区域，还是意识精神如我们所知的，是由更加原始的东西所构成。

11.2　意向性对象

　　在建立一个比所有人类所及之处更深的工具存在的区域时，海德格尔批评了他的老师胡塞尔，认为后者将世界还原成了它纯粹现象性的特征。这个说法确实是公道的，但是它错过了胡塞尔最重要的部分，即胡塞尔最重要的发现是意向性对象。即使在他创造的闭塞的现象世界里，在对象和它们的质性之间也发生着众多事件。确实，可能恰恰是因为胡塞尔将我们限制在这个狭隘的现象领域，才使他感到一种迫切的需求，要找到这个领域自身当中一个新的裂缝。

　　弗朗茨·布伦塔诺 (Franz Brentano) 复兴了中世纪关于意向性的讨论，并给予了这个讨论这样的形式：每一个意识行为都有一个对象，无论是思考、期望、判断，还是爱与恨的情况。所有这些都指向某个内在于意识当中的对象。最开始，他并没有想要讨论外在于意识的物的地位。这个话题由布伦塔诺杰出的波兰学生卡兹米尔孜·特瓦尔多夫斯基 (Kazimierz Twardowski) 提出，他区分了意识之外的物 (object) 和意识之内的物得以内在显现的内容 (content) 。[1] 这样，他唤醒了年轻胡塞尔的思考，后者既将特瓦尔多夫斯基看作是启发，也将他看作是 1890 年代的竞争对手，在提及他时，有时候带着

1　Kasimir Twardowski, *On the Content and Object of Presentations.* Transl. by Reinhard Grossmann. (The Hague: Martinus Nijhoff, 1977.)

崇敬之情，有时候则有点建立在误解之上的蔑视。

大家通常只关注胡塞尔与特瓦尔多夫斯基交手的一个结果，即胡塞尔拒绝了特瓦尔多夫斯基的外在世界的物，而越来越多地转向了他著名的面向现象学领域的观念论回撤。但这只是实际情况的一半，且不是最有趣的那一半。确实，胡塞尔留在了现象的王国当中，但是他同样也保留了物：他只不过是把物和内容都放进了现象领域而已。换句话说，胡塞尔创造了意向性对象和意向性内容这对新的二元关系。并且这带来了令人惊讶的形而上学后果。

只要经验主义认为物只不过是一束束的质，胡塞尔就是最佳的反经验主义者。我总是在某一个特定的角度和距离、一天中特定的事件、以一种非常具体的情绪看到一棵树，然而，所有这些细节都是对这棵树的过度决定（overdeterminations）。这棵树作为一个意向性对象不是一个实在的、在外在世界里生长的物，但它也不能被还原成它被给予给意识的瞬间里所有确切的细节。实在的树总是要比我们看见的更多一些，而意向性的树则总是更少一些。也就是说，我总是以过于具体的方式看到它，被过多的偶然性色彩包裹，从一个偶然的角度或以某种纯粹偶然的忧郁的心情。所有这些细节都可以变，而无须改变意向性的树，这个对象持续存在，只要我将其认作是这样一个对象。这就是意向性对象的意义。它不是一个空的"我不知道是什么"（je ne sais quoi）的东西，然后被投射到未成形的感觉材料上，因为，实际上它先于任何感觉材料，并塑造了这些材料。如梅洛 - 庞蒂所说，一支钢笔的黑色和一个行刑者的头套的黑色是不同的，即使它们光的波长完全相同。它们的质性渗透在它们所依附的对象当中。

在海德格尔关于物的实在性和它们的现象显现的二元关系之外，我们有了一个新的、在现象之内的二元关系，由统一的现象对象和它们的具体内容构成。这并不是某种人类或动物心理的特殊特征。相反，任何意向性关系（并且我们已经看到这种关系无处不在）都会受到这种意向性对象和偶然的具体显现方式之间的二元性的制约。我们没有时间在这里仔细地展开这个观点。但是，我们能意识到对象能够在其环境中进行多种变换，而不会造成决定性的变化。棉花能升温五度，但是在它到达燃烧的点之前，它将一直是棉花，而不是燃烧的棉花。

11.3 在内部

现在，让我们思考一下在所有意向性中都能找到的另一个著名特征："内在客观性"（immanent objectivity）。根据布伦塔诺的说法，任何意识行为的对象都是内在于意识的，而不是实在地出现在外部世界。但这显得缺乏想象力。毕竟，为什么内在的对象就必须内在于意识呢？一个不同的选项将带来真正的答案。

　　胡塞尔说到，只要意向性既是一，又是二，它就存在一种矛盾。一方面，我和树的关系是一个统一的整体。我之后能够反思它，将它当作一个物，其他人也能反思它，如果因为某个原因他们得分析我的意识体验的话。实际上，我和树的关系，本身就构成了一个新的对象，即使它并不维持很长时间，并且不由物理物质构成。我把它叫作一个对象，因为它是一个统一的、不能被任何从外部和它构成的关系所穷尽的实在。但另一方面，意向性也是二，不仅仅是一。因为我从没有在一个刺眼光芒之下融入这棵树，变成和它同质化的东西。这棵树始终和我分离，站在我的对面。并且，这种二元性还是非对称的（asymmetrical），因为在这里，实在的我遭遇的仅仅是一个现象的或意向性的树。当实在的树遭遇到我的现象扭曲版本时，就像它在所有遭遇我的情况下必须经历的那样，我们都必须得到两个不同的，但紧密相关的对象。我们现在发现，这样的空间总是能在另一个对象的内部被发现。我和树之间二元的意向性关系位于一个统一物的内部，所有意向性关系都在那里发生。通常，我们关于人类智能的模型都将其看作是批判性的、超越的、解放的力量，而实际上，正好相反，意识更像是一个打洞的动物，越挖越深，横向或是向上穿过物的内部。

　　另外，前面提到过，没有两个物能够直接接触，这让我们想到了哲学史上的两个时刻。第一，伊斯兰和法国的偶因论者认为，没有两个物能够碰到彼此，除非借助上帝的力量。第二，休谟的怀疑论认为，没有两个物是相关联的，除非通过意识中习惯的或惯习的联结。这两种观点的相同之处就是它们都是虚伪的。在说没有东西是真正和其他东西相关联的时，这两个观点又召唤了机械降神或机械降人这样的例外。一种具有独特地位的存在物被允许形成别的物所不能的关联。和这种观点不同，我提出了一种更加民主化的对局部偶因论的解决方案，每一个存在物都必须具有成为其他两个物的接触媒介的能力。我们会看到，两个物总是接触的地方处在另一个物的内部。正是在这里，世界的因果机制才能展开。

11.4 多灵论，而非泛灵论

所有这些可能听起来都有点像科学世界观的某种奇怪的泛灵论替代。但是最不可思议的是它给泛灵论设置的限制。泛灵论的观点是，任何存在的事物都必须能知觉。但我提出的观点是，任何能关联的事物都必须能知觉。只有通过变成一个更大的物，只有通过进入一个更大的物的内部，一个存在物才具有某种类似意识的东西。因为我们的模型允许存在物在没有任何关系的情况下存在。这就使得我们能够理解，任意时刻，在组成部分的链条顶端都存在事物，它们不需要关联任何其他的物。由于很多原因，我们需要去思考一种在世界中的、向下的无限回退，即不存在最微小的、物质的微粒子层次，能够终结这个存在物的链条。但倒过来，就不再成立。"宇宙作为一个整体"的观念实际上看起来像是没法带给我们任何东西的抽象化，宇宙众多不同的部分具有一定的独立性，所有这些部分都需要一些作用才能被缝合在一起，这就证明了它们并不是已经相互联系的。想象一个没有底的海洋，它只有汹涌的表面，在那里，水滴只有在下方有邻居，而上方什么都没有。这种世界模型来自我们前面的讨论。一个不需要关联而存在的、不需要知觉而存在的物，我们可以将其叫作睡着的物（sleeping entity），或休眠的物（dormant object），用我们从法语借来的这种可爱说法的话。休眠的物是实在的，但当下并没有意识。

每天晚上我们都会睡觉，让我们自己尽可能进入休眠状态，将我们白天的偶然性收获剥离，将我们自己重新放归本质的生命当中，在那里，我们不被外在的关系所触碰。相对的，死亡并不是睡眠。死亡是从底部发起的颠覆，由失灵的部件带来的腐败，当具有生机的部分以某种方式失效，以至于它们不再能够重获活力或被替换。

图书在版编目（CIP）数据

迈向思辨实在论：论文与讲座/（美）格拉汉姆·
哈曼著；花超荣译.-- 武汉：长江文艺出版社，
2020.9
ISBN 978-7-5702-1724-3

Ⅰ.①迈…　Ⅱ.①格…②花…　Ⅲ.①实在论—文集
Ⅳ.①B089-53

中国版本图书馆CIP数据核字（2020）第153453号

拜德雅·人文丛书

迈向思辨实在论：论文与讲座

MAIXIANG SIBIAN SHIZAILUN: LUNWEN YU JIANGZUO

［美］格拉汉姆·哈曼　著

花超荣　译

特约策划：邹　荣　任绪军　　　　特约编辑：邹　荣
责任编辑：程　婕　　　　　　　　责任校对：张　晗
封面设计：左　旋　　　　　　　　责任印制：李雨萌

出版：长江出版传媒　长江文艺出版社
地址：武汉市雄楚大街 268 号　　　邮编：430070
发行：长江文艺出版社
http://www.cjlap.com
印刷：湖北新华印务有限公司

开本：1092mm×787mm　1/32　印张：8.875
版次：2020 年 10 月第 1 版　　2020 年 10 月第 1 次印刷
字数：169 千

定价：52.00 元

版贸核渝字（2017）第 291 号

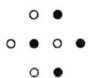

（已出书目）